LESE®BUCH 3

Was ist ein LESE®BUCH?

Die Leser der beiden großen Zeitschriften „Reisemobil International" und „Camping, Cars & Caravans" freuen sich jeden Monat über wertvolle Tipps für Technik, Praxis und Reisen. Auf Tipps für die schönste Urlaubsform überhaupt.

Und diese Leser sammeln Erfahrungen. Auf Reisen, mit Kindern und Tieren, auf dem Stellplatz oder Campingplatz, beim Selbstausbau ihres Freizeitfahrzeugs, am Clubstammtisch usw. Diese Erfahrungen können sie jetzt hautnah weitergeben. Denn der DoldeMedien Verlag unterstützt sie dabei mit der neuen Buchreihe LESE®BUCH. Dank Internet und elektronischem Druck lassen sich auch kleine Auflagen einem großen Publikum zugänglich machen.

Von der Reisebeschreibung, die in der Schublade schlummert, über Tipps für Kids aus Urlaubsreisen (Wie bastelt man eine Pfeife aus Weidenstöcken? Was spielt man mit Kids an Regentagen?) bis hin zur Dokumentation vom Selbstausbau eines VW-Bullis, zum Roman, der schon lange im Kopf kreist, oder zum Gedichtsbändchen, in dem sich was auf Camping reimt: Alles ist möglich. Das DoldeMedien LESE®BUCH möchte keinen Literaturpreis gewinnen, sondern Erfahrungen, Tipps und Unterhaltung weitergeben. Ganz direkt und von privat an privat.

Die schreibenden Leser senden einfach ihr Manuskript mit/ohne Bilder an den DoldeMedien Verlag (egal wie viele Seiten oder Bilder). Dort wird gesichtet und – wenn für geeignet empfunden – das nächste LESE®BUCH geboren. Wie zum Beispiel dieses.

Viel Spaß beim Schmökern und beim Schreiben wünscht Ihnen das LESE®BUCH-Team.

DoldeMedien
VERLAG GMBH

IMPRESSUM

Copyright: © 2006 by DoldeMedien Verlag GmbH, Postwiesenstr. 5A, 70327 Stuttgart

Text und Fotos: Leonore Schnappert
Herstellung: BOD Books on Demand GmbH, Norderstedt

Nachdruck, auch auszugsweise, nur mit ausdrücklicher Genehmigung
des Verlags und mit Quellenangabe gestattet. Alle Angaben ohne Gewähr.
PRINTED IN GERMANY · ISBN 3-928803-35-2

Leonore Schnappert

Abenteuer Sibirien

Mit dem Reisemobil zum Baikalsee

Velbert im Winter 2005

Zuvor

Nach monatelanger Vorbereitung ist nun die Zeit vergangen, die anfangs nicht enden wollte, aber dann immer schneller fortschritt...

Wo der Beginn unserer Reiseplanung ist, wissen wir nicht so genau. Vielleicht schon im Jahr 1992, als wir zum ersten Mal davon hörten, dass es möglich ist, die GUS-Staaten mit einem Wohnmobil zu bereisen. Das haben wir dann im gleichen Jahr auch versuchsweise gemacht und uns bis Moskau vorgetraut. Doch das eigentliche Ziel lag mit fortschreitender Zeit weiter beziehungsweise sehr weit östlich von Moskau.

Eigentlich gab es an jedem Tag der Vorbereitung neue Fragen, die beantwortet werden wollten: Was nehmen wir mit? Was braucht man an Ersatzteilen fürs Auto? Welche Papiere werden benötigt? Wie verteidigt man sich gegen Bären und Elche? Wie viel Toilettenpapier benötigen wir? etc. etc...

Wir rannten zu verschiedenen Ärzten, um uns gegen all das impfen zu lassen, gegen das wir uns nicht versichern können. Und so sind wir inzwischen gegen Hepatitis A + B, FSME, Diphtherie, Polio und Tetanus geimpft und werden wohl irgendwann zwangsbeerdigt werden müssen, falls man uns bis dahin nicht totgefahren hat.

Gleichzeitig vermuten wir, dass unser Versicherungsagent (Hallo, lieber Frank!!!) vorzeitig in Ruhestand gegangen ist, weil er das Arbeiten nicht mehr nötig hat, da Schnapperts alle nur eben möglichen Versicherungen für ihre Reise nach Sibirien abgeschlossen haben.

Da wir nichts, aber auch gar nichts dem Zufall überlassen wollten, haben wir uns auch noch ein Satelliten-Telefon angeschafft, wie es die Journalisten haben, die aus den entferntesten Erdteilen berichten. Was wir damit wollen, wissen wir auch nicht so recht, denn vermutlich kommt kein ADAC, wenn wir in der Taiga einen Platten haben. Zumindest gibt es einem aber das Gefühl von etwas mehr Sicherheit.

Um einen Eindruck davon zu bekommen, wie lange wir die Tour vorbereitet haben, können wir berichten, dass unser damit verbundener Email-Akkount inzwischen schon zweimal storniert wurde und neu eingerichtet werden musste, da dieser bei Nichtbenutzung von France-Telecom nach 2 Jahren automatisch gelöscht wird. Aber was sind zwei Jahre???

Bei allen Überlegungen, was man denn noch Sinnvolles tun kann, bevor man tatsächlich losfährt, kamen wir auf die Idee, Herrn Putin über unser Vorhaben zu informieren und evtl. um Reisetipps zu bitten. Damit wenigstens eine Chance bestand, dass der Brief auch ankommt, haben wir ihn per Boten geschickt, eine besondere Versendungsform der Deutschen Post, aber so teuer, dass wir ihn dafür auch fast selbst hätten hinbringen können.

Auch wenn Putin uns nicht persönlich geantwortet hat, so hat uns doch die russische Botschaft aus Bonn angerufen und uns angeboten, ein Visum auszustellen. Mehr könne man leider nicht tun.

Das war nicht viel, doch uns gab es die Gewissheit, dass Vladimir und seine Gefolgsleute darüber informiert sind, dass da ein deutsches Wohnmobil (mit Ingo + Leonore an Bord) in ihrem Land herumfährt.

Auch gab es in der Vorbereitungsphase noch einige Begebenheiten, die man nicht missen mag: Zum Beispiel das Gefühl, bei „real" die Einkaufskarre nicht mehr schieben zu können, weil sie zu voll und zu schwer ist, und an der Kasse 394 Euro ausschließlich für Lebensmittel bezahlen zu müssen. Wer erlebt das schon??? Aber nicht nur das. Sondern auch zum x-ten Mal die beiden Fragen gestellt zu bekommen: „Ist es denn dort nicht kalt?" Und: „Ist das denn nicht gefährlich?"

Um sich aber von all dem ein realistisches Bild machen zu können, muss man sich schon auf den Weg machen nach Sibirien!!!

Leonore Schnappert

Mittwoch, 6. Juli 2005

Wir sind fest entschlossen, uns heute auf den Weg zu machen. Alle Sachen, die speziell für die Reise angeschafft wurden und nicht gekühlt werden müssen, sind inzwischen eingepackt.

Ingos Fantasie sind dabei keine Grenzen gesetzt: Wir haben beispielsweise drei Bohrmaschinen beziehungsweise Schrauber an Bord: eine kleine, eine große mit Akku und eine mit Schnur. Wer weiß wofür?! Bestimmt werde ich es im Laufe der Reise erfahren. Für den Notfall haben wir auch eine Stichsäge und Dübel dabei. Bestimmt können wir dem ein oder anderen Russen und Burjaten beim Renovieren behilflich sein.

Ein kleiner Teil unserer Lebensmittelvorräte

Aber zurück zum heutigen 6. Juli 2005: Berge von Kleidung für alle möglichen Wetterlagen verschwinden im Innern unseres Womos. Und dabei ist das Erstaunlichste: wir könnten noch mehr mitnehmen. Die Schränke sind lange noch nicht voll. Am Nachmittag treffen wir uns, wie versprochen, mit Bernd Pangritz. Er ist mit Volker Schmitz (Schrotthändler) befreundet und wir dürfen dort unser Womo wiegen. Welch Wunder: wir sind nur 400 kg überladen!!! Na, die letzten 100 kg bis 5 t werden wir doch auch noch zusammenbekommen...

Es kann losgehen!

Am Abend, so gegen 18:45 h, ist das letzte Teil verstaut und wir könnten losfahren. Noch schnell bei Elfriede anrufen und zum Geburtstag gratulieren und mit Annette telefonieren, dass wir weg sind und das Parfüm nicht mehr abholen werden. Nun stehen wir auf dem Hof, gucken uns an, stellen fest, dass es schon 19:10 h ist. Da ist die Entscheidung schnell gefallen, dass wir wohl lieber „lecker essen gehen", dann noch einmal bei Mutti und Karl vorbei, um uns endgültig und zum letzten Mal zu verabschieden und anschließend letztmalig das „stationäre" Festbett anzusteuern. Morgen früh werden wir dann fahren, wenn wir wach sind und nicht noch irgendetwas dazwischen kommt. Man weiß ja nie?!

Donnerstag, 7. Juli 2005
(durchwachsenes Wetter)

Wie zu erwarten, habe ich wieder sehr schlecht geschlafen und bin trotzdem um 7:00 h hellwach. Wenn das so bleibt, bekomm' ich noch Ringe unter den Augen...

Nachdem wir gestern Abend schlafen gegangen sind, dauerte es nicht lange, bis mich wieder böse Gedanken aus dem Bett zerrten und ins Büro schickten, um den Computer noch mal anzumachen und verschiedene Sachen zu erledigen. Wenn ich mich nicht zwinge, irgendwann einfach Schluss zu machen, wird das nie was!!! Trotz aller Einsicht bin ich dann gegen 2:30 h etwas beruhigter wieder ins Bett gekrabbelt und auch eingeschlafen (welch Wunder!).

Ingo hat selig und süß bis 8:45 h geschlummert. Ich war derweil wieder (na, wo wohl???) im Büro. Allerdings mit einem doofen Gefühl. Nachdem wir alles erzählt hatten, taten Michaela und Elisabeth die Köpfe runter und fingen mit der Arbeit an. Und ich??? Hab blöd da rumgesessen und wusste mit mir nix anzufangen. Die beiden sagten ja schon seit zwei Tagen zu mir: „Aber nichts anfassen – nur gucken!" – weil mein Büro soooo schön aufgeräumt ist. So war es noch nie. Und ich hab gesagt, dass ich mich am meisten auf den Moment freue, wo wir wieder zurück sind: Innerhalb einer Viertelstunde herrscht dann wieder das Chaos!

Nachdem Ingo dann endlich aus den Federn ist und frisch rasiert, fahren wir zu Sylke und frühstücken dort. Zu Hause ist bereits der Kühlschrank leer und abgeschaltet, denn eigentlich sind wir seit fast zwei Tagen gar nicht mehr da. Um 9:45 h läuft endlich der Motor. Aber das heißt noch gar nichts: „Herr Fuest, da sind wieder schwarze Streifen am Auto. Bitte noch schnell abwaschen..."

> km 0 / 47.182

Und dann rollt das Womo tatsächlich Richtung Tor. Michaela, Elisabeth, Willi und Herr Fuest stehen weiße Tücher schwenkend da. Es ist alles ganz furchtbar schrecklich schlimm zum Heulen, was ich auch die ersten Kilometer tue.

Campingplatz in Lehnin bei Familie Engel

Die erste kurze Rast machen wir mittags in Hannover-Garbsen. Weiter fahren wir dann bis zu unserem heutigen Etappenziel: der „Campingplatz Klostersee" bei Lehnin. Herr Engel ist ganz aus dem Häuschen, denn er erkennt uns wieder und ist sehr interessiert an unseren Reiseplänen. Wir unterhalten uns noch ein bisschen, verabschieden uns und gehen zu Bett.

> km 478 / 47.660 = gefahren 478 km

Freitag, 8. Juli 2005
(durchwachsenes Wetter mit Besserung)

Um 8:45 h werden wir wach und ich habe seit Wochen das erste Mal wieder wunderbar geschlafen. In aller Ruhe machen wir uns fertig und frühstücken gemütlich. Das Wetter lässt zu wünschen übrig: Es regnet vor sich hin und wir haben große Sorge, ob wir mit eigener Kraft von der Wiese fahren können. Herr Engel hat sich aber für ca. 10:00 h angekündigt und würde uns rausziehen, wenn nötig.

Wir schaffen das aber prima allein, verabschieden uns noch von dem inzwischen eingetroffenen Herrn Engel, der uns das Versprechen abnimmt, auf der Rückreise vorbeizukommen. Wenn der Campingplatz schon geschlossen sein sollte, lädt er uns zu sich nach Hause ein.

(Es gibt also Leute, die fest damit rechnen, dass wir tatsächlich zurückkommen. Das beruhigt!)

km 478 / 47.660

Um 10:45 h geht's dann weiter Richtung Grenze bei Frankfurt / Oder. Wir zweifeln, ob es richtig ist, dort herzufahren, oder besser einen kleinen Grenzübergang zu suchen. Was erwartet uns???

An einer Tankstelle kaufe ich noch ein „D-Schild" und aufgrund unserer Landkarte am Auto kommen wir mit Leuten ins Gespräch, die uns sagen, dass die Grenzabfertigung gar nicht so schlimm ist.

Wir fahren also weiter, und tatsächlich sind am Schlagbaum nur ca. 15 Pkw vor uns, zu denen wir zum Glück auch zählen. Zwischen den Lkw hätten wir wohl ein paar Tage mit Warten verbringen müssen. Gegen 13:00 h sind wir in Polen.

Nach einigen Kilometern fahren wir an eine der vielen Tankstellen mit Riesen-Supermarkt, Restaurant und Wechselstube. Wir tauschen 100 Euro in 402 Sloty, tanken das Auto voll Diesel, der pro Liter 3,69 Sloty kostet (0,92 Cent) und kaufen „Wasser ohne Pfand". Weiter geht es über ein Stück Autobahn (mautpflichtig = 27 Sloty) um Posen herum. Ca. 100 Kilometer weiter wollen wir uns dann für heute niederlassen. Genug für heute!

Wir fahren kreuz und quer durch die Dörfer und finden keinen geeigneten Platz. Schließlich stehen wir zwischen zwei Bauernhöfen und fragen „mit Arm und Bein", ob wir dort stehen bleiben dürfen, und eh wir uns versehen, sitzen wir bei Kaffee und Kuchen im Wohnzimmer. Zum Glück spricht die Tochter Englisch, so dass wir uns notdürftig verständigen können. Sie ist so lieb, uns den Namen ihres Dorfes aufzuschreiben, damit wir wenigstens wissen, wo wir sind: in WIEWIÒRCZYN...

Zum restlichen Abend umkreist uns noch ein Storch und es wird Zeit fürs Bett (22:00 h).

km 885 / 48.067 = gefahren 407 km

Unsere Gastgeberfamilie

Samstag, 9. Juli 2005
(sehr warmes Wetter – immer um 30° und drüber)

Einer von vielen...

km 885 / 48.067

Nach einer „abwechslungsreichen" Nacht (die Hunde wechselten sich beim Bellen ab, ein Generator sprang gelegentlich an und der Storch klapperte, was es zu klappern gab) sind wir um 7:30 h aufgestanden.

Nachdem wir dann in aller Ruhe gefrühstückt haben, sind wir noch zu unseren Gastgebern gegangen und haben uns verab-

11

schiedet. Demzufolge saßen wir wieder beim Kaffee und am liebsten hätten sie uns dabehalten. Wir haben uns aber „abgeseilt" und ihnen versprechen müssen, auf dem Rückweg wieder vorbeizuschauen. Das werden wir auch machen, wenn wir das Dorf jemals wieder finden.

Um 10:30 h waren wir dann auf dem Weg und sind unsere Tour weitergefahren. Zwischendurch haben wir in einem Restaurant zu Mittag gegessen und uns später noch ein schattiges Plätzchen gesucht zum Mittagsschlaf. Urlaub muss sein!

Weiter ging es dann über Berg und Tal und zwischen lebensmüden polnischen Autofahrern – so konnte man jedenfalls den Eindruck haben – weiter nach Osterode (Ostroda). Dank Marions guter Beschreibung per SMS haben wir sie bis auf ca. 100 m gut gefunden. Die letzte Anweisung gab's telefonisch und der fertige Kaffee wartete auch schon auf uns. Um 16:30 h waren wir am verabredeten Etappenziel.

Nach einem Spaziergang zum Ortskern waren wir gemeinsam essen am See in einem ganz neu eröffneten Restaurant und anschließend früh im Bett.

| km 1.120 / 48.302 = gefahren 235 km |

Sonntag, 10. Juli 2005

| km 1.120 / 48.302 |

Für heute haben wir uns zu einer Schifffahrt angemeldet über den „Oberländischen Kanal". Das heißt aber auch: um 6:00 h aufstehen. Das bekommen wir noch ganz gut hin, doch dann geht's los...

Wir sind um 7:30 h am Anleger und das Schiff ist auf dem Oberdeck schon bis auf zwei Plätze besetzt. Horst läuft noch mal zurück und holt zwei Camping-Klappstühle. Inzwischen „klemmen" sich immer mehr Leute in alle möglichen Ecken, denn keiner will unter Deck.

Punkt 8:00 h legen wir endlich ab und dann nimmt das Schicksal seinen Lauf. Wir sollen nun 11 Stunden auf dem Klepper bleiben. Die beiden

Der Oberländische Kanal

Das Schiff fährt über Land...

größten Attraktionen bis 14:45 h sind zum einen die beiden Schleusen, die wir durchfahren, und zum anderen zwei Krakauer Würstchen.

Wir sitzen Stunde um Stunde in der prallen Sonne und gucken zu, wie sich das Schilf vor uns verneigt, die Seerosenblätter im Wasser verschwinden und hinter uns wieder auftauchen. Die Landschaft ist wunderschön und die Bewegung im Wasser sehr interessant, wird aber mit der Zeit, also spätestens nach 45 Minuten, auch eintönig.

Um 14:45 h, das heißt nach sieben Stunden Schifffahrt, ist es dann endlich so weit: Wir überfahren die erste von fünf geneigten (schiefen) Ebenen. Es ist toll und ein einmaliges Erlebnis auf der Welt!

Bei der zweiten reicht's uns schon.

Die dritte erleben wir unter Deck, wo es inzwischen brechend voll ist. Alle fliehen vor der erbarmungslosen Sonne und hängen in allen nur erdenklichen Ecken und Posituren zum Schlafen...

Während wir die vierte schiefe Ebene überfahren, bitten wir den Steward darum, uns zum nächsten Anleger ein Taxi zu rufen. Auch wenn's schön war: Es reicht! 11 Stunden sind einfach zu viel. Aber hinterher ist man klüger. (Hoffentlich hält das ein bisschen an...)

Das Taxi bringt uns – dank Klimaanlage bei angenehmen Temperaturen – zurück zum Womo. Wir lassen nur noch die Flügel hängen und schaffen es gerade noch die paar Meter zu der gestern neu eröffneten Kneipe, um eine Kleinigkeit zu essen.

Später treffen wir Marion, Horst und Silia, die die Fahrt bis zum bitteren Ende ausgesessen haben mit anschließender Rückfahrt. Sie erzählten, dass alle Leute im Bus geschlafen hätten.

So tun wir es ihnen später gleich – aber in unseren Betten! Gute Nacht!

km 1.120 / 48.302 = gefahren 0 km

Montag, 11. Juli 2005

km 1.120 / 48.302

Um 9:30 h machen wir uns auf den Weg zum verabredeten Campingplatz in Mragowo, das frühere Sensburg. Wir fahren verhalten, aber die Strecke ist auch nicht so, dass man große Weiten zurücklegen kann. Die Sonne meint es nach wie vor sehr gut mit uns – die Temperaturen sind tagsüber 30° und mehr.

Wir stellen fest, dass die Entwicklung in Polen sehr fortschreitet. Früher musste man nach einem unscheinbaren Laden suchen, an dem über der Tür „a b c" stand. Das war ein Lebensmittelgeschäft. Heute findet man überall „inter Marchet", „Carrefour" und wie sie alle heißen. Doch wir entscheiden uns für „Lidl" – so braucht man sich nicht umzustellen. Leider gibt's hier die leckeren Kekse nicht, die Ingo so gern isst.

Wir fahren dann weiter aus dem Ort raus und Marion und Horst führen uns zum verabredeten Campingplatz über mehr als drei Kilometer Feldweg. Er liegt traumhaft schön und so werden wir für die schlechte Wegstrecke entlohnt.

Während wir begrüßt werden, taucht hinter uns ein weiteres Womo auf. Es ist das von Edith und Werner und wir freuen uns sehr, dass sie

Urlaub muss auch sein...   *Ingo genießt die Sonne...*

auch da sind. Die Fahrzeuge werden aufgestellt und wir richten uns ein, soweit das nötig ist. Selbst Ingo holt von sich aus unsere Stühle aus dem Auto...

Zum Abendessen treffen wir uns in der Gastronomie und werden sehr gut bewirtet. Bascha, die Frau von Günter Brand, dem Platzbesitzer, weiß, wie man Gäste verwöhnt. Aber um 22:30 h wird's dann doch Zeit fürs Bett – wir wollen morgen um 9:00 h weiter.

> **km 1.228 / 48.410 = gefahren 108 km**

Ach, und da gab es während der Nacht noch eine sehr erwähnenswerte Situation: Ingo wurde wach. Wovon wohl? – Natürlich wieder von ständigem und nicht aufhören wollendem Hundegebell.

Ingo also raus aus dem Bett, wutschnaubend aber noch möglichst leise, um in der Kulturtasche nach den Ohrenstöpseln zu suchen.

Wühl, wühl, wühl – ohne jeden Erfolg. Also: Licht an! Doch was sieht er statt der Ohrenstopfen? Beim Suchen hat er sich in die Finger geschnitten.

Jetzt wird erst mal die sich schlafend stellende Leonore geweckt. Die restlichen Lampen an: „Wo ist Pflaster???" (Wie kann die Olle nur schlafen, während ich hier verblute?) Mit dem entsprechenden Hinweis hat er das Pflaster und die Stoppen gefunden. Jetzt alles wieder wegräumen, Lampen aus und dann schnell ins Bett. Dort angekommen, vermisst Ingo wieder die Ohrenstoppen. Also noch mal raus aus dem Bett, alle möglichen Lampen an und die Stoppen suchen.

Such, such, such – ja wo sind sie denn nur??? Ahhhhhhhh, da sind sie ja: sie kleben unter den Schluffen. Platt und dreckig, aber wieder da – und Ingo ist glücklich!!! Jetzt noch schnell die Dinger abwaschen und dann kann endlich weiter geschlafen werden.

So kann man die Nächte auch verbringen...

Dienstag, 12. Juli 2005

> km 1.228 / 48.410

Wir stehen pünktlich um 7:00 h auf, aber mein Fuß wird dicker und dicker und tut auch arg weh. Da hat mich wohl was Böses gestochen. Ingo bittet Bascha, die Frau von Günther, dem Campingplatz-Besitzer, mit mir zum Arzt zu fahren.

Das wirft unseren Zeitplan um eine Stunde zurück, gibt aber die Sicherheit, dass es nichts Bedrohliches ist. Neue Salbe und die Empfehlungen, wenig zu laufen, das Bein hochzulegen und zu kühlen bekomme ich vom Arzt mit auf die Reise. Nun kann's endlich „richtig" losgehen. Um 10:00 h fahren wir ab.

Um 14:00 h machen wir Rast in einer Trucker-Kneipe und essen zu Mittag. Wir entschließen uns, einen Platz am See bei Kaunas zu suchen, um zu übernachten. Wir finden auch was und Ingo und ich stellen fest, dass wir dort schon mit Joke und Willem waren.

Nun hocken wir mit Tischen und Stühlen auf der Wiese zwischen den Autos und werden bestimmt nicht allzu spät schlafen gehen.

> km 1.487 / 48.669 = gefahren 259 km

Mittwoch, 13. Juli 2005

km 1.487 / 48.669

Pünktlich fahren wir um 9:00 h von unserem Stellplatz weg und lassen uns von Edith erzählen, dass nachts noch viele Autos umhergefahren sind, dass laute Musik zu hören war und – es gab ein Feuerwerk mit Böllerschüssen, die die Wohnmobile haben erzittern lassen... Wir haben von alledem nichts gehört – wir haben geschlafen... (Wie ist so was möglich???)

Es geht weiter auf unserer Strecke und gegen 10:45 h machen wir auf einem Parkplatz Kaffeepäuschen. Als wir wieder in den Autos sitzen, kommt von Marion über Funk: „Augenblick noch, unser Auto springt nicht an... Kurz drauf liegen Werner und Horst unter dem Fahrzeug, es wird geschraubt und gehämmert, aber es nutzt alles nichts – der Anlasser ist kaputt.

Das Womo wird angeschoben und so schaffen wir es noch bis zur nächstgrößeren Stadt. Dort erkundigt sich unser „zum-Glück-russisch-sprechender" Werner nach einer Werkstatt. Zwei sehr nette Litauer fahren von Pontius nach Pilatus vor uns her, d. h. von einer Werkstatt zur anderen, doch nirgends passt das Auto rein. Letztendlich landen wir bei einem städtischen Busunternehmen, das einen neuen Anlasser besorgen wird und die Reparatur ausführen kann. Morgen um 14:00 h kommt das bestellte Teil (so Gott will...).

Für eine Runde Skat finden die Männer immer eine Gelegenheit

Auf dem gegenüberliegenden Parkplatz stellen wir die Autos in eine Ecke und es dauert nicht lange, bis nette Passanten kommen und uns Campingplätze in der Gegend empfehlen. Die glauben allen Ernstes, dass wir dort freiwillig stehen. In Litauen ist wohl alles möglich?! Um die Wartezeit auch möglichst sinnvoll zu nutzen, wird das erste Mal das Satelliten-Telefon aufgebaut, mit dem Laptop verbunden und eine Email nach Hause geschickt:

Subject: transsib

Hallo nach Deutschland resp. Mallorca!!!

Auch wenn wir den Eindruck haben, langsam dahinzuschmelzen, – wir leben noch und es geht uns gut!!!
Wir sind derzeit in „UTENA" in Litauen und werden übermorgen über die russ. Grenze fahren. Wenn wir Moskau erst einmal hinter uns haben, wird es ruhig und wir hoffen auf „wilde Romantik" (darf sich jeder drunter vorstellen, was er möchte)

Wir werden uns wieder melden!

Bis dahin viele liebe Grüße
von Ingo + Leonore

Anschließend richten wir uns ein, verbringen einen sehr entspannten Abend und werden um 21:45 h von den Mücken in die Autos gescheucht.

km 1.636 / 48.818 = gefahren 149 km

Donnerstag, 14. Juli 2005

km 1.636 / 48.818 + 1 Stunde

Den Vormittag haben wir damit zugebracht, unsere Tische und Stühle so um Werners Wohnmobil zu schieben, dass jeder immer Schatten abbekam.

Der eine hat sich die Wartezeit mit Werkeln vertrieben, der nächste hat geschlafen oder ist mit Silia spazieren gegangen.

Für 14:00 h war der neue Anlasser versprochen und der war auch punktum da! Und eingebaut war das Ding binnen 10 Minuten.

So haben wir dann noch gemeinsam unsere „Erbsensuppe aus der Dose" gegessen und uns um 15:00 h auf den Weg gemacht, um noch ein paar Kilometer zu schaffen. An der litauischen Grenze hat man nicht einmal Notiz von uns genommen, die Letten haben nur einen Blick in die Ausweise geworfen und uns weitergewinkt.

Wartezeit vertreiben – jeder auf seine Art

Ein Stück weiter ist uns ein Spatz vor die Windschutzscheibe geflogen und war „verschwunden". Etliche Kilometer später, als wir an einer Ampel anhalten mussten, kam der kleine Kerl hochgeklettert und guckte uns im Auto an. Noch ein erschrockener Blick, dann flog er weg. Er hatte wohl mächtig eins vor die Birne bekommen und sich dann neben den Scheibenwischern erholt. Einen Fahrschein hatte er zwar nicht, aber wir haben ihn gern mitgenommen. Schön, dass ihm weiter nichts passiert ist!

Im weiteren Verlauf unserer Fahrt hatten wir vereinbart, hinter „Daugavpils" rechts abzubiegen nach Viski, da dort ein See ist. Hier wollten wir uns einen Stellplatz für die Nacht suchen. Die Straße ab der Hauptstraße war nur Sand und Schotter über mehr als vier Kilometer...

Angekommen gegen 17:00 h, fanden wir nach einigem Suchen ein tolles Fleckchen auf einer Wiese unter Bäumen und ca. 100 m zum See mit Badestrand. Werner hat seinen Grill ausgepackt, weil Marion noch etwas zum Grillen hatte, und wir machten Salat dazu.

Es war ein gelungener Abend in einer traumhaften Gegend! Gute Nacht!

> km 1.743 / 48.927 = gefahren 109 km

Freitag, 15. Juli 2005

> km 1.743 / 48.927 + 1 Stunde

In Richtung russische Grenze...

Pünktlich um 9:00 h sind wir fertig und machen uns auf den Weg Richtung Grenze.

Da überall geschrieben steht, dass es der am wenigsten frequentierte Übergang ist, sind wir guter Dinge und fahren schnurstracks – ca. drei Kilometer – an den wartenden Lkw vorbei und kommen weit vorn an der Warteschlange zum Stehen. Es ist 11:30 h Ortszeit. Die Warterei wird schier endlos. Fenster und Tür kann man nicht offen lassen wegen der ab und zu vorbeirasenden Lkw, die auf einer Seite durch Dreck und Schotter jagen und eine riesige Staubwolke aufwirbeln. Unser kleiner Lüfter läuft somit auf Hochtouren, um die Wärme aus dem Fahrzeuginnern zu transportieren. Fehlanzeige: der Schweiß rinnt in Strömen bei 42,8°!

Gegen 15:45 h kommen wir an den ersten Grenzposten. Alles läuft sehr bürokratisch und wir kommen wie bei der Echternacher Springprozession immer einen Schritt vor und zwei zurück.

Eine Versicherung fürs Auto sollen wir abschließen, das geht aber nur für einen Monat. Die restliche Zeit ist bei der Ausreise nachzuzahlen. O.k. Also bitte die notwendige Autoversicherung. „Wie lange läuft nun die Versicherung? Aha, für drei Monate." Alles kein Problem...

„Bitte alle Klappen auf!" „Danke" – alle Klappen wieder zu.

Und: Da steckt der Schlüssel von außen im Gasflaschenkasten und rührt sich keinen Millimeter mehr. Nicht schlimm, wir haben ja mehrere Schlüssel, um weitere Klappen zu öffnen (sieht bestimmt lustig aus, wenn rundum die Schlüssel im Auto stecken, weil wir sie nicht wieder herausbekommen...) Doch mit Geduld und Spucke (Caramba) lässt sich der Schlüssel wieder abziehen und wir können „ohne Schlüsseldeko" weiterfahren. Gegen 20:30 h Ortszeit (+ 1 Stunde) haben wir alles hinter uns und zurückblickend hat es auch prima geklappt. Keine Schikanen, keine Willkür, keine piesepampeligen Beamten, sondern überwiegend nette junge Frauen. Und eben eine Form der Bürokratie, die uns völlig fremd ist.

Wir tanken dann noch das Womo voll (87,5 l / 1.212 Rbl. bei km 49.059) und kaufen Brot in einem Lebensmittelgeschäft, das wir normalerweise niemals betreten würden. Nicht zuletzt, weil wir es nicht gefunden hätten ohne Werner. Und noch mangels jeder Erfahrung, wie Geschäfte hier aussehen. Jedenfalls sah dies für uns von außen eher wie eine seit Jahren brachliegende Bruchbude aus und nicht wie ein funktionierender Laden. Aber wir sind ja lernfähig!

Tatsächlich ein Lebensmittelgeschäft!

Nun wollen wir schnell noch zum im Atlas ausgesuchten Stellplatz am See, dann ist die Welt für heute in Ordnung.

Leichter gesagt als getan. Der See hat keine geeignete Zufahrt... Wir irren durch die Gegend und es gibt aber auch nicht annähernd eine Stelle, an der drei Wohnmobile stehen können, obwohl wir inzwischen so manches in Kauf nehmen würden. Letztendlich besetzen wir die Bushaltestelle eines kleinen Dorfes und sind dort die Attraktion schlechthin!

Das Schlimmste: Alle rennen draußen rum und ich habe striktes Aussteigeverbot wegen der Mücken. Man gönnt mir aber auch gar nichts.

Es ist nun 23:30 h, aber wir fühlen uns eigentlich noch wie zu MESZ = 21:30 h. Doch trotzdem ist es Zeit fürs Bett.

Gute Nacht!

> km 1.902 / 49.086 = gefahren 159 km

Samstag, 16. Juli 2005

> km 1.902 / 49.086 + 2 Stunden

Kurz nach 9:00 h sind wir von unserer Bushaltestelle weggefahren, zurück auf die Straße Richtung Moskau. Darüber gibt's nichts zu berichten außer von Schlaglöchern, großen Löchern, Querrillen, kleinen Löchern – eben alles, was das Auto mächtig zum Erschüttern bringt.

Wir machen eine Pause bei einer „Schaschlikbude". Um uns von Mücken und Bremsen nicht auffressen zu lassen, baut Ingo sein Moskitonetz auf, unter dem wir alle mit Ach und Krach so eben Platz haben (natürlich auch die Mücken...).

Stundenlang über Huckelpisten

Nach endloser Warterei bekommen wir Schaschlik, Brot, Gurken, Tomaten und Kaffee. Aber das hat auch seinen Preis: 1.220 Rubel... Ich denke, man sieht uns die Touristen an.

Wir fahren Kilometer für Kilometer weiter über die Huckelpiste, bis wir uns gegen 17:00 h entschließen, einmal nachzusehen, was sich hinter dem Camping- beziehungsweise Zeltplatzschild verbirgt. Campingplätze gibt es doch nicht, oder?!

Es entpuppt sich als Tankstelle mit Restaurant und riesigem bewachtem Parkplatz. Die Lkw-Fahrer bekommen hier „alles, was das Herz begehrt" (und das Herz der Lkw-Fahrer sitzt verdammt tief).

Da man uns angeboten hat, dass wir hinter dem Gebäude stehen dürfen, gleich vor dem Badesee, nehmen wir das Angebot an und bleiben hier. Für die Übernachtung bezahlen wir pro Fahrzeug 50 Rubel.

Jetzt wurschtelt jeder noch in seinem Auto rum, isst etwas und dann gehen die Männer in die Kneipe, um angeblich Skat zu spielen. Wir Mädels sitzen bei Edith zusammen und spielen „Mensch ärgere dich nicht" (was sonst???).

Um 22:30 h ist es Zeit fürs Bett, da wir morgen schon um 8:00 h los wollen.

km 2.215 / 49.399 = gefahren 313 km

Sonntag, 17. Juli 2005

km 2.216 / 49.399 + 2 Stunden

Heute geht's pünktlich um 8:00 h weiter, denn wir wollen versuchen, so früh wie möglich den Moskauer Ring zu erreichen.

Um 11:00 h wird noch mal getankt, und weiter geht's. Am Straßenschild „Moskau 126 km" beginnt der Moskauer Bezirk. Die Straßen werden schlagartig besser. Wir fahren über eine Art Autobahn. Der größte Unterschied zu unseren westlichen Autobahnen ist, dass jeder so fährt, wie er möchte. Es wird rechts wie links überholt und auf der linken Spur fährt man langsamer als rechts, wenn's einem gefällt.

Und dann, gegen 12:00 h erreichen wir IHN – den Moskauer Ring, den „M-KAD"!!! Die Straße zieht sich fünfspurig in jede Richtung um Moskau und auch hier fährt jeder, wie er will... Kamikaze ist nichts dagegen. Selbst der Standstreifen wird zum Überholen genutzt, wenn er nicht gerade als Parkplatz am Ufer der Moskwa für den Sonntagsausflug dient.

Basilikus-Kathedrale und Blick auf die Moskwa

Es ist einfach nicht zu glauben. Ich habe nicht damit gerechnet, aber wir sind tatsächlich alle unbeschadet durchgekommen.

Wir erreichen weiterhin die M7, die Straße in Richtung Osten (Baikalsee hört sich so unfassbar weit an...)

Hier finden wir auch einen großen Supermarkt, der Geldautomaten im Eingangsbereich stehen hat, damit auch für Ingo und mich die Reisekasse und somit die Weiterfahrt gesichert ist.

Wir fahren noch gute 50 Kilometer Richtung Osten, um dann um 17:00 h auf einer Awto-stajanka (bewachter Lkw-Parkplatz mit Sauna, Duschen und allem, was wir brauchen – nur leiser könnte er sein) für heute stehen zu bleiben. Wir könnten hier auch essen, doch das Gehackte von Kolodziejs muss verarbeitet werden (wo ist eigentlich der Hund???) und so gibt's Paprikagemüse mit Hack und Wildreis.

Anschließend will ich noch schnell mein Versprechen einlösen und Emails verschicken. Das Schreiben geht ruck zuck und dann streikt das doofe Telefon. Der Akku lädt nicht und rückt auch keinen Strom mehr raus. Das Ding tut's nicht. Nicht für Geld und gute Worte. Ich habe den Eindruck, dass mein Fädchen in die Heimat abreißt. Aber noch haben wir Handy-Empfang, so dass ich wenigstens zu Hause Bescheid geben kann. Wir überlegen, was zu tun ist, und werden morgen weitersehen.

Und dann passiert noch etwas, was wir, seitdem wir Deutschland verlassen haben, noch nicht erlebt haben: Es beginnt zu regnen! Die Luft kühlt ein bisschen ab und wir werden wohl gut schlafen können.

> km 2.612 / 49795 = gefahren 396 km

Montag, 18. Juli 2005

> km 2.612 / 49795 + 2 Stunden

Wie verabredet starten wir um 8:30 h und bunkern noch schnell einige Liter Wasser. Währenddessen fährt eine Gruppe Wohnmobile vorbei. Als wir sie später an einer Tankstelle wieder treffen, stellen wir fest, dass es Italiener sind, und unser Interesse an ihnen schwindet.

Den ganzen Vormittag regnet es leicht vor sich hin. Auf dieser Tour ein völlig neues Erlebnis. Aber viel bemerkenswerter ist die Tatsache, dass wir eine durchweg hervorragende Straßendecke haben. Das Auto summt vor sich hin und wir behalten alle Tassen im Schrank (ganz).

Immer nur geradeaus...

Inzwischen warten wir aber auch sehnsüchtig darauf, dass es 10:00 h wird, damit wir in Deutschland (8:00 h) anrufen können, um zu klären, wie wir das Satellitentelefon wieder in Gang bekommen. Werner telefoniert mit dem Techniker und sie finden eine Lösung für unser Problem. Dem Himmel sei Dank, dass Werner Elektrotechnik studiert hat und nicht Archäologie! So baut er uns aus einem Stromprüfer, einem Draht und einer Stopfnadel etwas zusammen, das den Akku entlädt, damit das Telefon wieder arbeiten kann. (Ich muss das nicht verstehen, dafür haben wir Werner. Hauptsache, es funktioniert!)

Auch zum ersten Mal sehen wir unterwegs einen „wandernden Autoteilehandel": Ein Mann hat eine Radkappe auf dem Buckel hängen und ein Auspuffrohr in der Hand. In einem meiner Reiseführer habe ich darüber gelesen, dass eigentlich jeder auf der Strecke diverse Autoteile mit sich führt. Wenn man eine Panne hat und etwas Glück, kommt das gesuchte Ersatzteil vorbeigefahren.

Um 13:00 h schaltet unser km-Zähler von 49.999 auf 50.000 um – und wir haben es wahrhaftig g-e-s-e-h-e-n!

Auch sei noch erwähnt, dass wir eine Strecke von 98 Kilometer immer nur geradeaus gefahren sind. Ohne Abzweig oder irgendetwas. Für unsere Straßenverhältnisse zu Hause völlig unvorstellbar.

Am Nachmittag durchqueren wir Niznij-Novgorod. Es ist die reinste Höllentour. Selbst der Moskauer Ring verliert dagegen fast seinen Schrecken. Die Fahrerei hier ist noch krimineller, aber es gibt hier keine Fahrbahnmarkierung und die Straßen sind schmaler. Trotzdem fahren alle wie die Verrückten kreuz und quer durcheinander und irgendwo mitten dazwischen steht ein Auto, unter dem ein paar Füße hervorlugen, weil einer darunter liegt und repariert...

Kurz darauf hat dann auch ein ganz cleverer Fahrer (Monteur) ein „russisches Warndreieck" aufgebaut und zwar ein Eimer, ein Reservekanister quer darauf mit einem Holzklotz beschwert.

Kurz hinter Niznij-Novgorod biegen wir rechts von unserer Route ab, da es für heute reicht. Unversehens stehen wir auf dem Vorplatz einer Sport-Ausbildungsstätte. Werner fragt, ob wir dort bleiben dürfen. Nach einer Passkontrolle wird uns dies gestattet und wir werden von etlichen Leuten bestaunt wie die Außerirdischen.

Während ich hier noch schreibe, fliegen nebenan im Frankia schon die Finger: Werner hat unterwegs Pfifferlinge gekauft und nun werden sie geputzt und zubereitet. Wenn die Pilze in Ordnung sind, schreib ich morgen weiter!

| km 2.964 / 50.147 = gefahren 352 km |

Dienstag, 19. Juli 2005

km 2.964 / 50.147 + 3 Stunden

Nachdem die Männer gestern Abend noch zum Skat spielen waren und wir ein Stündchen dazugekommen sind, mussten Marion und ich heute früh fahren und unser Werner hat seine Edith pünktlich in dem Augenblick geweckt, als wir eigentlich losfahren wollten...

Bei Kolodziejs gab's dann Frühstück auf den Knien während der Fahrt (man bedenke die Straßenverhältnisse) und Horst und Ingo hatten „Alkohol-Verdunstungs-Stunde" während der ersten 100 Kilometer.

Die Sonne scheint wieder mit all ihrer Kraft und wir sind uns darüber einig, dass es eigentlich mal Zeit ist für einen Ruhetag. Als wir über eine große Brücke fahren, entdecken wir am Flussufer einen Badestrand und gleich geht's rechts ab zum Wasser. Genug für heute!

Es ist zwar erst 10:30 h Ortszeit – das heißt, dass wir uns gemessen an der MEZ schon morgens um 7:30 h einen Schlafplatz suchen. Soweit sind wir inzwischen. Russland hinterlässt die ersten Spuren. Es dauert auch nicht lange, da bekommen wir Besuch von russischen Jugendlichen, die sich sehr neugierig bei uns aufhalten und alles Mögliche wissen wollen. Werner ist der Dolmetscher und wir geben bereitwillig Auskunft.

Der Rest des Tages wird zu allem Möglichen genutzt. Wäsche waschen, Satelliten suchen, die nicht mehr auffindbar sind, Essen kochen,

Neugierige Jugendliche besuchen uns

Putzaktion am Ruhetag

Emails schreiben etc. Und noch zu erwähnen ist, dass Werner den Akku wohl wieder flott bekommt! Unser Kontakt in das kapitalistische Ausland scheint wieder gesichert.

Damit es „denen zu Hause" nicht langweilig wird und ich nicht aus der Übung komme, schreibe ich wieder Emails. Ingo rennt derweil mit dem kleinen Spiegel vom Satelliten-Telefon umher und versucht, das Signal einzufangen, das wir zum Senden und Empfangen benötigen. Nachdem ihm dies gelungen ist, kann's losgehen:

....

Hallo Deutschland!

Zuerst einmal ganz herzlichen Dank für die vielen lieben Grüße, die uns bisher schon erreicht haben!
Inzwischen haben wir ca. 3.000 km hinter uns gebracht und sind nun etwa 200 km hinter Nijzni-Novgorod (allein, wie sich das anhört...).
Wir stehen direkt an einem Flusslauf und unsere Männer sind zum Angeln. Wobei einer mehr zusieht, als angelt – böse Zungen behaupten, er könne nur im Trüben fischen ;-))
Es geht uns so weit rundum gut und von der Fahrt durch beziehungsweise um Moskau haben wir uns auch wieder erholt. Die Fahrt war bisher gut, aber auch recht anstrengend, da wir erst einmal ein Stück des Weges hinter uns bringen wollten. Große Pausen gab es bisher nicht und daher haben wir uns entschlossen, bald einen Ruhetag einzulegen. Und das haben wir dann auch gleich heute Vormittag umgesetzt und sind hier am Wasser geblieben.
Nun werden wir „Mädels" mit einem Glas Wein auf die Rückkehr unserer Angler warten und kontrollieren, ob sie ihre Beute in „Nordsee-Tüten" nach Hause bringen.

Herzliche Grüße – bis zum nächsten Mal!
Von Ingo, Leonore, Werner, Edith, Horst, Marion und Zilia

....

Nun ist es bereits 23:20 OZ und keiner ist müde. Aber wer will schon um 20:30 ins Bett und um 4:00 h wieder raus??? Da muss man eh schon von der Idee verfolgt werden, zum Baikalsee zu fahren!

Ach – die Pilze waren wohl o.k.

> km 3.092 / 50.275 = gefahren 128 km

Mittwoch, 20. Juli 2005

> km 3.092 / 50.275 + 3 Stunden

Das Aufstehen fällt zwar von Tag zu Tag schwerer, aber trotzdem sind wir wieder pünktlich um 8:30 h abfahrbereit. Wie wir das geschafft haben, ist uns völlig schleierhaft, da wir gestern Abend noch bis 1:00 h mit Edith, Werner und Wodka verbracht haben.

Wir hatten eine sehr nette Unterhaltung und zwischendurch fragte ich Werner, ob er weiß, wo genau im Westen Sibirien beginnt. Wie aus der Pistole geschossen kommt die Antwort: „Vom Ural bis zur Sibirischen Grenze sind es ziemlich genau fünfhunderttausend Kilometer." (Prost Werner...)

Bevor wir uns auf den Weg machen, tanken wir noch Wasser und im Hintergrund läuft über die Boxen des Ferienlagers „Schni, Schna, Schnappi".

Während unserer Fahrt erleben wir heute die ersten beiden Polizeikontrollen. Unser „russisches Polizisten-Märchenbuch" (alle fotokopierten Dokumente und Urkunden) wirken Wunder. Man winkt uns weiter.

Bei Werner jedoch versuchen sie mit Gewalt, etwas zu finden, und ein Polizist erdreistet sich, einfach in Werners Heiligtum einzusteigen. Doch postwendend fliegt er dort wieder raus. „Das ist kein Lkw, wir haben keine Ladung, das ist mein Haus und ich habe dich nicht reingebeten. Und jetzt sofort raus!" Letztendlich gibt der Milizionär nach und die

Der Kreml von Kazan

Kontrolle auf, da er merkt, dass eh alles in Ordnung ist.

Wir fahren noch bis Kazan und stellen die Womos auf einen bewachten Parkplatz. Nicht schön, aber vielleicht sicher. Von dort gehen wir im Schweiße unseres Angesichts zum Kreml. Eine wunderschöne Anlage, aber leider gerade geschlossen. Also wandern wir weiter zur Innenstadt. Es ist fantastisch, wie die alten Gebäude restauriert werden, beziehungsweise was man schon fertig gestellt hat. Wir sind froh, dass wir bereits 1992/93 in Russland waren. So können wir uns besser vorstellen, wie es früher hier ausgesehen haben mag. Heute gehört Kazan zum Weltkulturerbe.

km 3.309 / 50.492 = gefahren 217 km

Donnerstag, 21. Juli 2005

km 3.309 / 50.492 + 3 Stunden

Um ehrlich zu sein: Heute fällt mir das Schreiben etwas schwer. Es fehlt mir die visuelle Darstellung dessen, was wir erlebt haben.

Zur inzwischen gewohnten Zeit um 8:30 h sind wir von unserem Stellplatz in Kazan losgefahren. Es war etwas kompliziert, den richtigen Weg aus der Stadt herauszufinden. Wir hatten uns aufgrund der Reiseberichte anderer Leute entschlossen, über Perm zu fahren, weil die Route besser sein soll als die Straße über Ufa.

Unser Weg wird mit der Zeit immer einsamer und wohl auch schlechter. Nur man hofft hinter jeder Biegung darauf, dass er sich wieder bessert. Aber im Gegenteil: Irgendwann hörte dann auch der Asphalt auf. Werner fragte immer wieder, ob wir denn wohl richtig seien. Das bestätigte jeder, aber die Blicke auf unsere Autos wurden immer kritischer. Wir haben diese wohl fälschlicherweise als Interesse oder Neugier gewertet.

Die „Straße" führte uns mit 12% Gefälle in ein Tal und endete dann dort direkt an einem See. Aber alles immer noch kein Problem: Es gab eine Fähre, die sehr groß war und ehe wir uns versahen, waren wir am anderen Ufer. Alles kein Problem! Wir wollen ja Abenteuer!

Auf der Fähre nach Perm

Es geht nix mehr!

Die Straße schlängelte sich weiter und weiter. Inzwischen gab es auch keinen Schotter mehr, sondern nur noch durchweichten Lehm.

Und dann kommt eine Steigung! Zu drei Viertel hat Werner es geschafft, als er stecken bleibt. Dadurch müssen wir hinter ihm ebenfalls anhalten. Horst meint, wir sollen ihm Platz machen, er fährt vor und zieht uns raus. Aufgrund der Differenzialsperre kann er zwar mit Mühe und Not hochfahren, aber an Abschleppen ist im Leben nicht zu denken.

Werner macht sich nun zu Fuß auf den Weg zurück in ein Dorf, um dort Hilfe zu holen. Er hatte einen Trecker gesehen. Dieser ist jedoch leider kaputt. Aber gleich soll ein Versorgungstrecker kommen, der uns helfen soll.

Wir sitzen hoffnungslos fest

So ist es dann auch. Erst wird das Auto von Werner rausgezogen und dann ist unser Flair dran. Dank meiner Notfall-Gummistiefel kann ich das Ganze filmen, muss nur aufpassen, dass mich das zur Seite wegrutschende Womo nicht überrollt... (Hätte bestimmt auch prima Aufnahmen gegeben). Es ist ein Gefühl unter den Schuhen, als hätte man den Lehmboden mit Schmierseife gemischt.

Als wir dann alle wohlbehalten wieder weiterfahren können, haben wir noch etliche Kilometer mehr oder weniger dicken Matsch. An der nochmals schlimmsten Stelle wartet doch tatsächlich der Traktorfahrer auf uns und gibt gute Ratschläge, wie und wo wir das Stück durchfahren sollen und kommt hinter uns her, falls doch wieder einer hängen bleibt.

Es geht aber weiter ohne fremde Hilfe und nochmals einige Kilometer durch Sand und Pampe im Wechsel, bis wir irgendwann dann wieder Asphalt unter den Reifen haben. Die sind inzwischen etwa doppelt so groß...

Wir fahren dann noch ein geraumes Stück, bis wir in ein Dorf kommen, wo wir uns neben einem Bauernhof niederlassen dürfen. Der Hausherr lädt uns sogar ein, bei ihm die Sauna zu benutzen. Aber dazu hat keiner mehr Lust. Nur noch essen, schreiben und dann gleich schlafen (bis auf Ingo, der wäscht in voller Mücken-Abwehr-Montur noch das Auto. Wir haben zwar kaum noch Frischwasser, dafür aber das sauberste Auto!!!)

Ich denke, dass ich gleich so müde bin, dass ich endlich einen Rhythmus für die Zeitverschiebung finden kann.

So, nun Hände waschen, Pipi machen und dann aber ab ins Bett!

> **km 3.537 / 50.720 = gefahren 228 km**

Freitag, 22. Juli 2005

| km 3.537 / 50.720 + 3 / 4 Stunden |

Nach einer sehr ruhigen Nacht im Tiefschlaf haben wir heute früh erfahren, dass es ein dolles Gewitter gab und geregnet hat, was der Himmel hergab. Aber wir haben von alledem nichts mitbekommen.

Wir hoppeln voran über mehr oder weniger gute Straßen und ergötzen uns an der wunderschönen Landschaft, die in keiner Richtung endet. Gegen Mittag biegen wir von der Hauptstraße ab in ein Dorf, da wir noch ein paar Kleinigkeiten einkaufen möchten.

Auf dem Dorfplatz tummeln sich ungewöhnlich viele Menschen und wir erfahren, dass ein orthodoxes Heiligtum erwartet wird. Doch man hat den Eindruck, dass das Interesse an dem Ereignis mit unserem Eintreffen jäh vorbei ist. Es scharen sich ganze Massen um unsere Autos und es läuft immer nach dem gleichen Schema ab: Die Kinder kommen zuerst und die

Wir erleben eine russisch-orthodoxe Prozession

Eine Schulklasse beim Deutschunterricht

Erwachsenen sind dann dahinter, um alles zu bestaunen. Und nachdem man mit uns so weit „fertig" ist, kommt dann auch die kirchliche Abordnung. Auch für uns wird das zu einem Erlebnis, auch wenn wir den Sinn nicht verstehen.

Werner geht zu dem Popen und entschuldigt sich für unsere dem Anlass unzureichende Kleidung, worauf dieser antwortet: „Gott ist eure Kleidung egal" und segnet ihn. Ab sofort schicken wir Werner nun immer vor, da ihm bestimmt nichts mehr passieren kann.

Wir fahren dann weiter und weiter über große und kleine, runde und ovale, mal tiefere und mal nicht so tiefe Schlaglöcher. Am späten Nachmittag – inzwischen kommt die nächste Stunde aufgrund einer weiteren Zeitzone dazu – biegen wir wieder in ein Dorf ab.

Zuerst scheint es menschenleer. Aber der Schein trügt! Nach etwa drei Stunden kennen wir jeden einzelnen Bewohner mit Namen, die

Männer waren schon in der Sauna und in unser Wohnmobil haben wir eine Drehtür einbauen lassen...

Unser Mobil stellen wir vor dem Dorfladen ab, der eigentlich täglich nur zwischen 10:00 h und 14:00 h geöffnet hat. So stören wir nicht, denken wir, rechnen aber

Stellplatz vor dem Magazin

nicht damit, dass noch eine Lieferung kommt. Ein Lkw hat Mühe zu rangieren, aber man wird einen Teufel tun, uns zu bitten, Platz zu machen. Dreimal vor und zurück und dann passt es.

Im Gegenzug können deutsche Männer ihre Kraft beweisen und haben unversehens Säcke mit Mehl, Zucker, Erbsen, Bohnen etc. auf dem Buckel und helfen beim Ausladen.

Zwischenzeitlich laufe ich hier und da durch die Gegend und habe dabei meine Brille mitsamt dem Sonnenaufsatz auf der Nase. Da ich eine Bürste brauche, bücke ich mich über den Staukasten und im gleichen Augenblick fällt der Aufsatz von der Brille, tippt auf dem kleinen Tresor auf und verschwindet in einen ca. 2 cm breiten Schlitz dahinter. Da ist „Holland in Not"!!! (Ob das hier auch so heißt?) Jedenfalls bin ich recht hilflos ohne das Teil, wenn die Sonne scheint.

Aber Ingo kommt und taucht erst einmal in den Doppelboden ab und versucht mit allen möglichen Angelwerkzeugen, das Ding wiederzubekommen. Leider ohne Erfolg. Ich sehe nur noch zwei Möglichkeiten, meine Sonnengläser zurückzukriegen: 1.) einer von uns lässt sich drei weitere Gelenke in den Unterarm operieren oder 2.) der Tresor muss ausgebaut werden.

Ingo auf Suche...

Weil's schneller geht, entscheiden wir uns für die zweite Variante und so haben wir, mit viel Werkzeug und Körmel verbunden, das Ding dann bald wieder. Nicht zuletzt von der schweren Arbeit, vom Wodka und der „Banja" sind nun alle müde und dann wird's auch heute wieder Zeit fürs Bett.

Gute Nacht!

| km 3.764 / 50.947 = gefahren 227 km |

Samstag, 23. Juli 2005

| km 3.764 / 50.947 + 4 Stunden |

Wie immer ist um 6:30 h für uns die Nacht zu Ende. Mit einer Ausnahme: Es ist alle paar Tage früher 6:30 h...

Während des Frühstücks beobachten wir, wie die Schafe und Kühe auf die Weiden geführt werden. Es hat ein bisschen den Eindruck, wie bei uns die Kinder, die zum Kindergarten gebracht werden.

Im Dorf   *Beim Wassertanken*

Nach dem Frühstück müssen wir wieder mal Wasser tanken, wobei es zur Abwechselung einmal regnet. Wir machen uns dann weiter auf den Weg Richtung Perm. Alles läuft prima und mit der Zeit gewöhnt man sich an die verschiedenen Arten von Schlaglöchern und Querrillen. Ingo schläft derweil den Schlaf des Gerechten. Vor Perm verlieren wir uns das erste Mal und auch der Funkkontakt reißt ab – Werner und Edith sind weg. Zum Glück gibt es Handys. Ein teures, aber gutes Vergnügen.

Zum Wiedersehen steuern wir den nächsten Supermarkt an und sind ganz erstaunt, was es alles zu kaufen gibt. Hier fehlen weder die Maggi-Suppe noch Persil. Während wir im Laden die „Produkty" (russ.: Lebensmittel) aussuchen, stehen wir plötzlich im Dunkeln: Stromausfall. Und genauso wie überall anders, geht auch hier nichts mehr. Es funktioniert weder eine Waage, noch die Kassen. So müssen wir uns halt gedulden, bis alles wieder klappt. Werner sucht uns Fleisch zum Grillen und entsprechende Salate aus.

Inzwischen haben wir die Bestätigung, dass man wahrhaftig nicht zu hungern braucht und mir schwant, dass wir etwa drei Viertel unserer Vorräte wieder mit nach Hause nehmen. Die frischen Sachen sind eben besser.

Nach dem Einkaufen fahren wir noch einige Kilometer und gegen 16:30 h stehen wir auf dem Volleyballplatz eines Dorfes. Wie gehabt ist auch hier der Kontakt schnell hergestellt.

Es wird gegrillt

Während ich versuche, unser Womo wieder ein bisschen sauber zu machen, gehen die anderen der Reihe nach im Fluss baden. Werner schmeißt den Grill an und wir lassen es uns schmecken, bis schwarze Wolken aufziehen und der Idylle ein Ende machen. Da könnte ich doch gut die allgemeine Großwetterlage dazu nutzen, eine Email zu schreiben und nach Hause zu schicken. Also: „Ingo, bitte den Spiegel!"

....

Hallo, liebe Familien und Freunde!

Eben haben wir hier noch zusammen gesessen und gegrillt und jetzt regnet es. Grund genug, den Rechner hervorzukramen und eine Email zu verschicken.
Das mit dem Regen sehen wir ganz gelassen, da der bestimmt schnell wieder aufhört. Wir haben uns erklären lassen, dass die Sommer in Russland sehr heiß sind und dass es zwischendurch immer kurze und kräftige Regenschauer oder Gewitter gibt. Nur so ist es möglich, dass während der doch relativ kurzen Zeit alles wächst, gedeiht und reift, was für die langen Wintermonate benötigt wird. Es ist also nicht damit zu rechnen, dass es sich für 14 Tage einregnet, so wie es bei uns zu Hause passieren kann. Inzwischen sind wir ein Stück hinter Perm und als nächstgrößere

Stadt steuern wir Jekaterinburg an. Das liegt dann schon „echt" in Sibirien und hinter dem Ural. Ja, Leute, jetzt sind die ganz weit hinten abgespeicherten Geographie-Kenntnisse gefragt, um nachzuvollziehen, wo wir sind...

Es geht uns nach wie vor sehr gut und wir werden alles, was uns möglich ist, tun, damit es so bleibt. Ich werde gar nicht erst versuchen, mit Worten zu beschreiben, wie unglaublich schön die Landschaft ist. Außerhalb der großen Städte, die im Schnitt mehr als 500 km auseinander liegen, ist es, als würde man in einem Märchenbuch blättern. Die teils wunderschön verzierten, kleinen Holzhäuser, die in den Dörfern zusammenstehen, und die darin lebenden Menschen erscheinen uns, als sei vor weit über 50 Jahren die Zeit stehen geblieben. Und die Leute vermitteln den Eindruck, als seien sie dabei sehr zufrieden.

Für uns ist es auch ein seltenes Erlebnis, wenn um unsere Wohnmobile herum die Schafe und Kühe auf die Weide geführt werden und so ein Dussel mit dem Huf in dem Kabel meiner Telefonantenne hängen bleibt. Zum Glück ist das Telefon robust (Antenne steht gerade im Regen) und das Dussel bin ich...

Schönes Wochenende und viele herzliche Grüße

Ingo und Leonore

Nun ist es 20:30 h (laut Uhr) und weil wir keinen Fernsehempfang mehr haben, liegt Ingo schon im Bett und pennt. Mal sehen, was das wird...

km 3.987 / 51.170 = gefahren 223 km

Sonntag, 24. Juli 2005

km 3.987 / 51.170 + 4 Stunden

Pünktlich wie immer haben wir heute unseren Stellplatz im Dorf verlassen (wollen). Wir hatten etwas Sorge, gut von der Wiese runterzukommen, da es geregnet hatte. Aber unser Womo setzte sich problemlos in Bewegung. Leider hat Ingo auf die Bremse getreten, bevor er richtig gerade auf dem Weg stand. So hing ein Rad der Vorderachse in der Luft und Horst hatte seinen inneren Reichsparteitag, Ingo nun rausziehen zu können... (Wie es Ingo dabei ging, lassen wir hier mal außen vor.)

Am frühen Morgen war der Himmel bewölkt und lockerte im Laufe des Vormittags auf. Nach deutscher Zeit haben wir Wölfi Schmitz um 5:45 h eine SMS zum Geburtstag geschickt. Bei uns war es ja immerhin schon 9:45 h.

Auf dem Weg haben wir dann noch bei einer netten jungen Frau Honig gekauft, ein Foto gemacht und es ihr als Erinnerung dagelassen.

Hier gibt's Honig

Wieder einmal erreichten wir eine innerrussische Landesgrenze und haben Foto- und Videoaufnahmen von einem Monument gemacht. Die Straße war von da an sehr schön.

Aber das änderte sich nach zehn Kilometern schlagartig.

Für den restlichen Weg hatten wir wieder einmal russisches Superlativ: die besten Straßen im Wechsel mit den schlechtesten bisher überhaupt. Wir dachten,

Eine andere Republik beginnt

es zerreißt uns das Auto. Gleich muss ich noch unser Geschirr wieder zusammenstellen, damit es wieder an seinem Platz ist.

Trotz der schlechten Wegstrecke haben wir immer gespannt darauf gelauert, wann wir denn nun endlich die asiatische Grenze erreichen. Und weiterhin waren wir auf der Suche nach einem Anzeichen, wann denn nun Sibirien beginnt.

Beides ist uns für heute vergönnt worden, da Horst gegen 15:30 h bat, für heute Schluss zu machen, da sie beide hundekaputt seien.

Nun stehen wir am Rand eines Feldes und werden unser restliches Fleisch von gestern grillen. Während wir nun hier sitzen, stellen wir fest, dass wir nicht in einem verschlafenen Dorf gelandet sind, sondern gleich neben der unbefestigten Avus. Schlag auf Schlag donnern Autos, Trecker, Motorräder etc. an uns vorbei und hinterlassen riesige Staubwolken. Und das allem Anschein nach nur, um uns zu begaffen.

Weitab vom Staub!

Das hat Ingo sich nach dem Essen noch 10 Minuten mit angesehen und ist dann mit offenen Fenstern und auch allem anderen unbefestigt ca. einen Kilometer quer über den Acker ans andere Ende gefahren, damit wir hier Ruhe und keinen Dreck mehr haben. Aber wir haben freie Sicht auf die anderen...

km 4.228 / 51.411 = gefahren 241 km

Montag, 25. Juli 2005

km 4.228 / 51.411 + 4 Stunden

Nachdem mich gestern doch wieder einmal eine Bremse erwischt hat, habe ich am Oberschenkel hinten eine Beule, die ist handtellergroß und dick geschwollen. (Als ob die Bollen nicht so schon dick genug wären...) An Schlaf ist in der Nacht kaum zu denken und am heutigen morgen nicht ans Laufen.

Nachdem Ingo etwas gefilmt hat, gibt's Bandsalat und wir sehen schon schwarz für den Rest der Reise, was die kleine Digital-Kamera anbelangt.

Wir kommen gegen 10:00 h zum Ortseingang von Jekaterinburg und da alle anderen keine Lust haben, fahren Werner und Ingo mit dem Bus in die Stadt und machen ein paar Video-Aufzeichnungen. Die Busfahrt kostet für beide zusammen sieben Rubel, das sind 20 Cent.

Der Ortseingang von Jekaterinburg

Gegen 12:30 h fahren wir dann weiter, um aus dem Stadttrummel herauszukommen. Unterwegs trinken wir noch einen Kaffee (5 Kaffee = 50 Rubel, je Kaffee ca. 30 Cent) fahren noch bis 17:30 h und suchen dann einen Platz für die Nacht. Das ist nicht ganz einfach, da das angepeilte Flussufer nicht anzufahren ist.

Einige Kilometer weiter in einem anderen Dorf finden wir einen Stellplatz neben einer sehr interessanten, aber auch ganz verfallenen Kirche und wieder direkt vor dem Magazin.

Im Dorf laufen viele Pferde umher, die plötzlich alle verschwunden sind.

Da Werner sich sehr für Pferde interessiert, möchte er auch gern wissen, wo sie abgeblieben sind. Nach einigem Suchen wird er fündig:

Eine verfallene Kirche... *... und ihre Bewohner*

Sie sind allesamt, ca. 30 Stück, in der alten Kirche. Es bietet sich uns wieder ein unvergessliches Bild.

Nach einem kräftigen Regenguss klart der Himmel wieder auf und alle sitzen noch draußen. Bis auf Leonore, die wieder vor dem Computer sitzt.

Die Dorfjugend umringt uns wieder von allen Seiten und führt alle möglichen Fahr- und Motorräder vor.

> km 4.450 / 51.633 = gefahren 222 km

Abendstimmung *Die Dorfjugend*

Dienstag, 26. Juli 2005

km 4.450 / 51.633 + 4/5 Stunden

Leider passiert zurzeit absolut nichts Besonderes. Jeden Tag könnte ich zwar schreiben, wie wunderschön die Landschaft ist. Das wird mit der Zeit für diejenigen, die dies lesen, auch langweilig.

Die Pferde, die gestern Abend noch in der Kirche versammelt waren, sind nachts um unser Auto herumspaziert. Ingo hat jeden einzelnen Hufschlag notiert, ich derweil recht gut geschlafen.

Autowäsche mit Teichwasser

Heute früh haben wir dann mal unser Auto komplett gewaschen. So richtig mit Schlauch, Shampoo und Wasser aus dem Teich mittels Werners Tauchpumpe.

Wir sind dann recht gut vorangekommen, Die Straßen waren „abwechslungsreich", der überwiegende Teil recht gut.

Am frühen Nachmittag haben wir eine kleine Pause gemacht, die Horst und Werner zum Schwimmen in dem kleinen See genutzt haben. Wir haben derweil in dem Café daneben gesessen.

redesa-Filiale bei Jekaterinburg

Inzwischen müssen wir auch wieder einmal unsere Uhren um eine Stunde vorstellen. In einer weiteren kleinen Ortsdurchfahrt erschien es uns ein bisschen, wie eine „Begegnung der dritten Art": Ist das etwa *redesa*???

Ingo versucht, etwas „auf die Tube zu drücken", da der erste Wunsch nach einem Standplatz schon um 13:15 h geäußert wird.

Die Suche gestaltet sich etwas schwierig und so fahren wir doch noch längere Zeit weiter. Horst gibt dann über Funk bekannt, dass

Ein ungewöhnliches Gefährt

wir nun schon „fünf Minuten nach dreiviertel fünf" haben, was so viel heißt, dass es höchste Zeit ist, stehen zu bleiben. Auch jetzt finden wir nicht auf Anhieb einen geeigneten Stellplatz, sondern müssen noch ein Dorf weiter fahren = ca. 25 Kilometer...

Hier finden wir dann einen schönen Platz in einer Art Sackgasse, haben wieder netten Kontakt zu den Anwohnern und zum Glück nicht gleich wieder 30 Kinder um uns rum, wie gestern.

km 4.794 / 51.977 = gefahren 345 km

Mittwoch, 27. Juli 2005

km 4.794 / 51.977 + 5 Stunden

Wie immer, so sind wir auch heute wieder pünktlich um 3:30 h – ach nee, hier ist ja schon 8:30 h – losgefahren.

Doch zuerst einmal muss ich noch erzählen, was sich gestern zugetragen hat, als ich mit Werner einkaufen war...

Wir wollten Sekt einkaufen. Im Laden sagt Werner: „Zuerst Shampoo." Die Verkäuferin zeigt uns verschiedene Sorten, unter anderem „Schauma". Er guckt mich erwartungsvoll an und ich denke, dass ich mein Urteil abgeben soll, was ich auch tue: „Wird schon o.k. sein. Zumindest werden einem davon die Haare nicht ausfallen." Werner: „Gut, gekauft. Nun noch Schampanski." Hiervon gibt's nur eine Flasche, die ich dann nehme und es geht ans Bezahlen. Etwas verwundert bezahle ich dann beides und reiche Werner „seine" Flasche Haarwaschmittel.

Er sieht mich völlig verdutzt an und sagt: „Nein, nein, die ist doch für euch. Ingo sagte mir, du wolltest Shampoo kaufen." Da wird mir klar: Ingo sagte ihm, ich wollte Schampus kaufen... Was so ein „S" alles ausmacht.

Aber nicht schlimm – gewaschen wird sich auch, nicht nur gebechert.

Nun weiter zu heute. Wir fahren ein gutes Stück. Die Straßen sind die ersten 90 Kilometer tadellos. Dann schlagartig schlecht. Und das bleiben sie bis auf wenige kurze Abschnitte.

Unser Schutzengel, der immer gut zu tun hat...

Werner, Ingo, Zilia und der Dorfsheriff

Auf der Landkarte haben wir bei Krutinka einen See entdeckt und wollen sehen, ob sich dieser als Standort für heute und morgen eignet. Ausschlafen steht auf dem Programm.

Bei unserer Suche fragt Werner den Dorfsheriff, der sich anbietet, vorneweg zu fahren und uns zu einem schönen Standort zu bringen. Die Stelle ist tatsächlich sehr schön, obwohl für die großen Womos schwerlich zu erreichen. Trotzdem kommen wir die kleine, steile Steigung gut runter.

Zack zack sind alle anderen im Wasser und Werner kommt zurück und überredet mich, doch auch mitzugehen. Das braucht nicht viel und es ist einfach nur herrlich!!!

Eh wir uns versehen, wird der Himmel schwarz und wir müssen alles einsammeln, was nicht schwer oder angebunden ist. Es gibt ein dolles Gewitter und regnet. Nach einer knappen Stunde ist alles vorbei und die Wäsche wedelt zum Trocknen wieder fröhlich vor sich hin.

Für 18:00 h blasen Kolodziejs zum Essen: Es gibt Lachs in Sahne mit Kartoffeln. Es ist einsame Spitze, was in dem Womo so alles gezaubert

 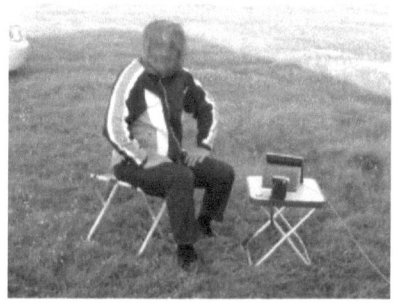

Dorfladen in Krutinka „*Radio Omsk" und die Mücken...*

wird. Während des Essens ruf Horst Hess an und fragt: „Müsst ihr euer Essen da verteidigen? Es hört sich an, als rasseln die Schwerter."

Nach dem Essen baut Ingo wieder den Satelliten-Spiegel von unserem Telefon auf. Kein leichtes Unterfangen bei der Mückenplage, die inzwischen eingesetzt hat. Doch er ist gut ausstaffiert mit Mückennetz und allem, was dazu gehört (man sieht's oben).

Nun kann ich wieder eine Email verschicken:

....

Hallo, Ihr da im kleinen, kalten Deutschland!!!

Ganz herzlichen Dank für die vielen lieben Grüße, die wir inzwischen von überallher bekommen haben!
Es ist schon toll, wenn man merkt, wie viel Interesse unserer Tour entgegengebracht wird. Aber das ist es auch wert. Ich denke, wir können euch nicht davon überzeugen, auch so ein Abenteuer zu unternehmen, aber lohnenswert wäre es allemal.
Dass das Wetter hier sehr heiß ist, hatte ich zuvor schon gelesen und war darauf vorbereitet. Aber dass es soooo heiß wird, damit hatten wir nicht gerechnet. Wir hatten eine Unterhaltung mit einem Einheimischen (hört sich doch toll an ;-)) – armer Werner, muss immer für 6 Deutsche und ca. 15 Russen gleichzeitig übersetzen). Der erklärte uns, dass wir doch einen recht „kühlen" Sommer erwischt hätten. Normal sind Temperaturen zwischen 35° und 40°...

Er hat uns auch erklärt, warum: In kürzester Zeit muss hier alles wachsen und gedeihen, was für ca. 9 Monate Winter gebraucht wird, Obst Gemüse, Getreide – eben alles, wo ein Stiel dran ist. Und zwischendurch regnet es dann – und wie!!! Aber nur kurz und kräftig und meistens nachts. Das macht für uns ein tolles Gefühl, dass die Natur hier keine Zeit hat für solche Scherze wie bei uns, sich mal eben für ca. 14 Tage einzuregnen.

So, nun bitte die Atlanten vorholen: Wir sind ca. 150 km vor Novosibirsk, der Hauptstadt Sibiriens mit ca. 1,45 Mio. Einwohnern. Es ist eine faszinierende Erfahrung, wie gravierend unterschiedlich die Menschen und die Lebensformen derer sind, die auf den Dörfern leben, teils noch ohne fließendes Wasser, im Gegensatz zu denen in den großen Metropolen.

Auftragsgemäß werden wir weiter fotografieren und filmen – aber bitte: keine Ausreden beim Angucken. Da müsst ihr dann durch.

Bei uns ist alles o.k. Wenn wir die Kurve kriegen, werden wir uns heute Abend mal zeitig schlafen legen, das heißt gegen 22:30 h (dann ist es bei euch 16:30 h, wenn ihr gerade bei Kaffee und Kuchen sitzt).

Unser Auto läuft auch ganz prima. Es gibt also keinen Grund zur Klage!

Nun seid sehr herzlich gegrüßt aus dem fernen Sibirien, in dem man zurzeit ganz prima Kühlschränke verkaufen kann!

Ingo + Leonore

....

So, ich denke, das war's für heute. Nur noch der Kilometer-Stand:

km 5.071 / 52.254 = gefahren 277 km

Donnerstag, 28. Juli 2005

| km 5.071 / 52.254 + 5 Stunden |

Juchhu!!! Ausschlafen!!! Um 8:45 h klettern wir dann so langsam aus den Betten und lassen den Tag sehr ruhig angehen.

Ortseingang von Krutinka

Nach dem Frühstück machen wir uns an die Arbeit: Wäsche waschen, Garage aufräumen, Staub wischen, Putzen. Am besten würde man das Wohnmobil mal auf links drehen und ausschütteln. Es hat sich aufgrund der schlechten, staubigen Straßen schlimmer Dreck angesammelt. Zum Glück ist auch der Himmel bedeckt, genau richtig für so einen Kroos- und Flicktag.

Mittags hat Werner schon wieder die Pfannen parat und macht „Westsibirisches Bauernfrühstück" (Eierkuchen mit Knobi-Bratkartoffeln gefüllt). Das Wetter lockert auf und die Sonne kommt wieder durch. Während wir nach dem Essen noch zusammensitzen, kommen auch einige Russen zum Baden.

Wir haben Besuch...   *... und werden dann auch eingeladen*

Sonnenuntergang am See

Sie kommen zu uns, stellen sich vor und setzen sich zu uns. Wir bieten ihnen Kaffee und Plätzchen an. Und dann bitten sie uns zu sich. Hinter ihren Autos haben sie das größte Picknick aufgebaut, das wir je gesehen haben. Wurst, Käse, Eier, Fisch, Speck, Tomaten, Gurken, Brot, Kuchen, Bier, Limonade und natürlich Wodka... Und sie entschuldigen sich noch bei uns, dass sie nicht auf Besuch eingerichtet sind, sonst hätten sie mehr dabei.

Ingo und ich klinken uns bald aus, da wir lieber wieder in den See wollen. Denn das Beisammensein artet schnell in ein Saufgelage aus. Trotzdem ist es sehr gemütlich und unfassbar für uns, was die alles dabei haben.

Warum Ingo sich von der Kleidung her so grundlegend von den anderen unterscheidet? Wegen der Mücken! – Lieber schwitzen als kratzen!

Wir werden den Abend nun ruhig ausklingen lassen, damit wir morgen wieder fit sind für die Fahrt von diesem wunderschönen Flecken Erde, der einen ziemlichen Buckel hat, den wir hinauf müssen.

Ach – bei der Zufahrt hierher waren wir schon begeistert von der wunderschönen Landschaft mit dem See. Ich habe dann den Vorschlag gemacht, dass wir einige Fotos machen, „Baikalsee" darunter schreiben und unsere Reise hier beenden...

| km 5.071 / 52.254 = gefahren 0 km |

Freitag, 29. Juli 2005

km 5.071 / 52.254 + 5 Stunden

Heute steht wieder „früh aufstehen" auf dem Programm und so sind wir auch alle pünktlich um 8:30 h reisefertig. Die Temperaturen liegen um die Zeit bei sehr angenehmen 18°.

Nun kommt das noch zu überwindende Wegstück den Buckel hinauf bis zur befestigten Straße. Werner lässt sich vorsichtshalber von Horst anziehen, aber alles verläuft völlig problemlos. Wir schaffen den steilen Knappen aus eigener Kraft. Ich steige aus, um das mit Video aufzuzeichnen, denn es sieht schon atemberaubend aus, wenn so ein riesiges Fahrzeug etwa 15° Steigung hinauffährt.

Polizeistation im Kreisverkehr

Mit „Autan-Anzug" bin ich unterwegs und versuche die Aufnahme zu machen, bin mir aber nicht sicher, ob das was wird. Der Angriff der Jedi-Ritter war eine Lachnummer gegen diesen Angriff der Mücken. Ich weiß nun nicht mehr, ob ich die Kamera vielleicht auch zur Abwehr benutzt habe. Wir werden es noch zu sehen bekommen.

Unsere Route führt uns über meistens ganz gute Straßen bis Omsk. Hier machen wir gegenüber einem Markt und Supermarkt Halt, um uns wieder mit frischen Lebensmitteln einzudecken.

Ortseingang von Omsk

Anschließend kehren wir bei einer Art russischem McDonalds ein. Von hier aus laufen wir zur Bushaltestelle, wo uns eine Dame auf Deutsch anspricht. Sie ist gebürtig aus Omsk und besucht hier ihren Sohn, lebt sonst aber in Flensburg. Sie erklärt uns etwas über die Verhaltensregeln

Im Microbus

im Microbus, nimmt uns mit, und angekommen an unserer Haltestelle, müssen wir uns wieder von ihr verabschieden.

Werner und ich machen uns dann auf die Socken, um eine Tintenpatrone für meinen Fotodrucker zu kaufen. Das Ding aus Velbert ist und bleibt verschwunden und wir wollen nicht plötzlich ohne Farbe dastehen, da die Fotos immer sehr viel Freude bereiten. So einfach ist das aber nicht, obwohl wir einen super gut sortierten Elektronikmarkt finden. Na, dann werden wir wohl doch noch mal das Womo auf den Kopf stellen müssen, in der Hoffnung, dass wir die Ersatzpatrone wider Erwarten in ihrem Versteck ausfindig machen...

Bei unserer Rückkehr trinken wir gemeinsam noch eine Cola und fahren später mit einem Taxi zurück zu den Autos, da wir mächtig die Nase voll haben, weil es immer heißer wird.

Als Werner sich nach dem Weg aus der Stadt Richtung Novosibirsk

Unsere Lotsen

erkundigt, bietet der junge Mann sich spontan an und fährt lange vor uns her, bis wir den Ortsausgang erreichen. Er hat uns somit viele Probleme und Irrfahrten erspart. Zum Dank gibt's wieder ein Foto.

Wir fahren noch etwa 60 Kilometer weiter und stehen in einem Dorf vor einem sehr luxuriösen Haus. Wir haben es schon von weitem bestaunt, weil es wirklich außergewöhnlich ist. Für Werner ist es Grund genug, bei den Leuten anzuklopfen und um Parkerlaubnis zu bitten. Seit wir hier stehen, ist der uns inzwischen gut bekannte „run" des Dorfes in Gange und wir gucken mal, was noch passiert. Das gibt's dann gegebenenfalls morgen...

km 5.335 / 52.518 = gefahren 264 km

Samstag, 30. Juli 2005

```
km 5.335 / 52.518 + 5/6 Stunden
```

Viel ist heute nicht passiert, außer, dass wir wohl unseren „Streckenrekord" aufgestellt haben. Die Straßen waren so toll, dass wir im Durchschnitt fast immer 90 km/h fahren konnten und so wurde dann auch ordentlich was geschafft.

Wir haben eine kurze Frühstückspause gemacht und dann am frühen Nachmittag noch mal Pause und die Uhren wurden wieder einmal um eine Stunde vorgestellt. Demnach ist es jetzt hier 18:00 h und zu Hause 12:00 h. Nun müssen wir sehr aufpassen, wenn wir telefonieren wollen oder SMS verschicken. Wenn wir uns nämlich mittags zu Hause melden, kann es passieren, dass wir jemanden aus dem Bett klingeln.

Inzwischen sind wir ca. 150 Kilometer vor Novosibirsk. Das werden wir morgen auf einer A...-Backe abrutschen und dann bestimmt einmal die Stadt angucken, wenn das Wetter mitspielt.

An der Tankstelle...

Heute war der Himmel durchweg bewölkt und zwischendurch hat's auch mal kräftig geregnet. Die Sonne lugte hier und da mal durch die Wolken, wohl aber nur um zu sehen, wo wir sind und um uns zu sagen, dass sie heute keine Lust hat...

Im „Servicebereich"...

Zur Abwechslung haben wir mal ein paar Fotos gemacht, als wir getankt haben an einer typisch russischen Tankstelle. Tanken ist immer ein Erlebnis, da man der Person hinter dem Gitter zuerst angeben muss, wie viel Diesel man denn tanken möchte. Dann wird der fällige Betrag bezahlt und die Säule entsprechend frei geschaltet.

Bis vor einigen Jahren war es noch so, dass eine zu viel bestellte Menge einfach überlief und im Erdreich versickerte. Heute schaltet die Pistole ab und der Nächste hat den Vorteil.

... und die Kasse

Stellplatzverteilung war heute auch mal anders als sonst. Die Dörfer liegen inzwischen auch sehr weit auseinander, deshalb muss man nehmen, was kommt. So sind wir von der Trasse ab dem Wegweiser folgend gefahren in Richtung eines acht Kilometer entfernt liegenden Örtchens. Nach etwa zwei Kilometern kamen wir an einen Flusslauf mit Wiese, wo Horst sofort draufgefahren ist. Uns war dort noch zu viel Rummel von den Russen, so sind wir oberhalb stehen geblieben. Edith war jedoch nicht mit Geld und guten Worten zu überreden, dort zu bleiben. So ist Werner mit ihr weiter Richtung Dorf gefahren. Morgen werden wir wissen, wo sie zum Stehen gekommen sind.

km 5.750 / 52.933 = gefahren 425 km

Stellplatz am Fluss

Unterwegs mit Pferd und Wagen...   *Kapelle am Weg*

Sonntag, 31. Juli 2005

km 5.750 / 52.933 + 6 Stunden

Wir hatten uns gestern doch noch entschlossen, zur unteren Wiese zu fahren, wo sich Horst und Marion niedergelassen hatten. Die Russen waren alle weg und dort standen wir schöner und somit auch dann ruhig.

Treffpunkt Parkplatz

Als wir heute früh die Rollos vom Womo aufgemacht haben, fanden wir einen Zettel: „Guten Morgen! Wir sind schon zur Straßenkreuzung vorgefahren. Abfahrt pünktlich um 8:30 h. Edith und Werner".

Um das Auto der beiden hatten nachts gegen 4:00 h einige stark angetrunkene Jugendliche randaliert, da sind sie dann weggefahren. So kommt's, wenn man die Truppe verlässt...

Die Straße Richtung Nowosibirsk ist jetzt gut und so kommen wir prima voran. Am Stadteingang fragt Werner einen Taxifahrer, ob er bereit sei, zum Bahnhof vorauszufahren, da wir uns den ansehen wol-

Ortseingang...   *... und Ortsausgang von Novosibirsk*

Der Bahnhof in Novosibirsk...   *... und seine Gleisanlagen*

len. Wir halten uns zwei Stunden im und um den Bahnhof auf, der sehr sehenswert ist. Es ist ein wunderschönes älteres Gebäude, mit viel Marmor und tollen Kronleuchtern. Die äußere Form ist einer Dampflok nachempfunden.

Der Taxifahrer ist stadteinwärts so rücksichtsvoll vor uns hergefahren, dass wir ihn bitten, uns in anderer Richtung aus der Stadt wieder herauszuführen. Das hat ebenfalls prima geklappt.

Wir fahren dann noch etwa 60 Kilometer weiter und lassen uns im Dorf Ojasch nieder, wo wir einen sehr schönen Stellplatz finden. Wenn es nicht regnet, werden wir morgen hier bleiben und wieder einen Ruhetag einlegen.

km 6.029 / 53.212 = gefahren 279 km

Montag, 1. August 2005

km 6.029 / 53.212 + 6 Stunden

Das Ortschild von Ojasch *Wenn Ferry das wüsste...*

Oh, wie schön! Ausschlafen! Bis 9:45 h in der Kiste liegen! Heute ist Ruhetag angesagt und das einzige, was wir heute machen werden, ist das Womo sauber.

Mehrmals am Tag kommt die Dame von dem gegenüberliegenden Haus zu uns, um uns dies und das zu sagen. Und wieder spaziert am Abend die Kuh-, Schaf- und Ziegenherde um uns rum und Werner überredet den Cowboy, ihn einmal auf seinem Pferd reiten zu lassen. Ein tolles Bild!

Fußwaschungen bei Galina

Als wir dann alle zusammensitzen, kommt wieder die Frau von der anderen Seite und wir bitten sie, sich zu uns zu setzen, was sie auch sofort dankend annimmt. Ein Wort gibt das andere und sie erzählt von ihrem kasachischen Ursprung und davon, dass sie wegen der Heirat ihrer Tochter nach Novosibirsk hier das Haus gekauft habe, um in ihrer Nähe zu sein.

Um zu der knappen Rente etwas dazu zu verdienen, brennt sie „Samagon", einen speziellen Kräuterschnaps, von dem sie dann eine

Dorfleben in Ojasch

Alles gegen die Mücken

kleine Flasche zum Probieren holt und wir ihr einen Liter abkaufen. Die Auftragslage ist (leider) so gut, dass sie mit dem Produzieren gar nicht nachkommt. Daher konnten wir ihr auch nicht mehr abluchsen.

Später kommt noch ein junger Mann aus dem Dorf dazu, bringt auch Wodka mit und sucht ebenfalls die Unterhaltung mit uns. Die Offenheit der Menschen ist einfach umwerfend.

Gegen 23:00 h werden uns die Mücken zu gewalttätig, so verabschieden wir uns ruck zuck und verschwinden in unseren Betten.

km 6.029 / 53.212 = gefahren 0 km

Der Dorfbrunnen...   *...wo auch wir Wasser ziehen*

Dienstag, 2. August 2005

km 6.029 / 53.212 + 6 Stunden

Heute sind wir dann wieder pünktlich aufgestanden, um dann auch rechtzeitig wieder loszuknattern...

Werner und Horst waren schon früh fertig und sind zur Wasserstelle vorgefahren. Galina, die „Schnapsdrossel" von gestern, kam ganz aufgeregt zu uns, sie dachte wohl, Werner wäre ohne Verabschiedung weg. Das haben wir dann aber versucht zu klären und natürlich haben wir noch bei ihr gehalten.

Und früh kam wieder unsere Kuh-, Schaf- und Ziegenherde mit dem Cowboy. Der hatte allerdings ein anderes Pferd als gestern. Ich denke, das lag an Werners Ausritt...

Weiter ging's wie gehabt, Kilometer um Kilometer. Um 10:30 h bat Werner um einen Stopp, da seine Elektrik wieder Probleme machte. Es wurde eine größere Reparatur und wir hatten letztendlich einen zweistündigen Aufenthalt.

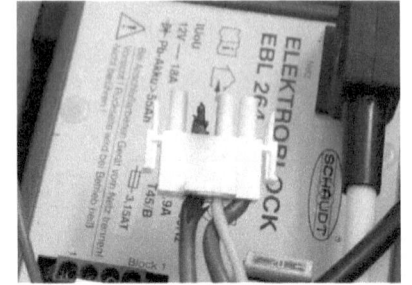

Werner hat 'nen Schaden

Die Fahrt ging weiter Richtung Kemerovo. In einem Vorort haben wir noch etwas eingekauft und wollten gleichzeitig Mittagspause machen.

Ingo und ich haben eine Art Mittagsbüfett gefunden, wo wir etwas gegessen und getrunken haben – für komplett sage und schreibe 35 Rubel = 1 Euro !

Nach wie vor ist die einhellige Meinung: Die Reise ist voller wunderschöner Erlebnisse, nur ist es allen zu heiß. Heute sind wieder 37° auf dem Thermometer. Ich habe mir fest vorgenommen, dass ich jeden, der friert, nach Sibirien schicke. Das Frieren hat dann schnell ein Ende!

Die Fahrt durch Kemerovo war etwas kompliziert. Doch Werner sei Dank, sind wir auch dort gut wieder rausgekommen. Und schlagartig änderte sich dann die Landschaft: Es geht wieder bergauf und bergab und ist sehr bewaldet. Die Optik erinnert nun an das Allgäu. Und dann ist da auch noch ein See – so ist die Entscheidung für den heutigen Stellplatz sofort getroffen.

Am See steht auch ein Lkw, mit dessen Fahrer die Männer ins Gespräch kommen. Er erzählt, dass er schon öfter in Deutschland war und nimmt gern eine kalte Dose Bier an. Als Dank kommt er mit einer Flasche Wodka. Ein gutes Tauschgeschäft, wie ich finde.

Und guck mal einer an, es kommt noch ein „Pick-up" zu uns! Auch Deutsche, aus Hanau! Die andern unterhalten sich und bis ich mit dem Essenvorbereiten so weit bin und dazukomme, verabschiedet man sich vorerst.

Und während ich hier schreibe, gehen die andern ins Wasser. So hat jeder was zur Entspannung...

km 6.257 / 53.440 = gefahren 228 km

Mittwoch, 3. August 2005

km 6.257 / 53.440 + 6 Stunden

Obwohl wir Edith und Werner um 8:00 h wecken mussten, haben wir es geschafft, pünktlich abzufahren. Wir rollen wieder vor uns hin mit dem gewohnten Ablauf: gegen 10:45 h Frühstück. Da Ingo mächtig

Der Ortseingang von Mariinsk

Kohldampf hat, lege ich mich ins Zeug und mache Rührei. Alles muss ein bisschen schneller gehen als sonst, da im Womo Spülen Pflicht ist. Zum einen hätte man sonst kein heiles Geschirr mehr, zum anderen hält man die Geräusche von nicht verstauten Tellern, Tassen und Besteck nicht aus...

Danach geht's wieder weiter und kurz bevor die Mittagspause ansteht, überkommt mich die große Müdigkeit und ich hau mich aufs Ohr und schlafe gleich tief und fest ein.

Wach werde ich schlagartig von dem Wort: „Ziemann"! Und siehe da, vor uns steht der MAN von Gisela und Jürgen und die Freude ist groß. Erst einmal in das Café (wenn man das so übersetzen darf) und gemeinsam Essen und Trinken. Es werden viele Informationen ausgetauscht

Wir treffen Gisela und Jürgen Ziemann mit ihrem tollen Auto

und aus der Aussage „Wir müssen weiter, wir haben höchstens 10 Minuten Zeit" werden schnell 2 Stunden.

Sie haben Probleme durch ein Leck im Wassertank und wir stellen den Kontakt her zu André aus Mariinsk, den wir Tags zuvor kennen gelernt haben. Er ist selbstständig und hat zwei Lkw und bestimmt die Möglichkeit, ihnen zu helfen. Dann brauchen sie nicht bis Omsk.

Die Reise soll nämlich noch nicht zu Ende sein. Sie planen, zurück ins Altai-Gebirge zu fahren. Wir werden erfahren, was daraus geworden ist.

Inzwischen stehen wir wieder in einem Dorf, sind frisch geduscht und haben zum Abendbrot zur Abwechslung einmal Graupensuppe gegessen.

> km 6.568 / 53.751 = gefahren 311 km

Donnerstag, 4. August 2005

> km 6.568 / 53.751 + 6 Stunden

Heute früh wollten wir dann pünktlich wie immer losfahren, zuerst aber Wasser tanken an einem zentralen Brunnen. Es dauerte nicht lange, da kam der eine oder andere rein zufällig vorbei und sprach ein paar Worte mit Werner.

Auf einmal kamen dann zwei Frauen auf die Autos zu und sagten zuerst: „Guten Tag"... Da wurde unser Interesse natürlich größer und wir standen schnell zusammen und die Teerflecken im Womo wurden unwichtig.

Die beiden Schwestern fingen an zu erzählen, dass ihre Mutter eine Wolga-Deutsche war und sie von ihr Deutsch gelernt haben. Die Mutter ist nun 10 Jahre tot und seither wird nicht mehr Deutsch gesprochen. Aber sie sagten uns, dass ihr Herz deutsch sei und in ihren Adern fließe deutsches Blut. Allerdings waren sie nie in Deutschland und wir sind

Wolga-Deutsche Familie in Beresowka

Kolchose-Arbeiter

die ersten Deutschen, die sie je zu Gesicht bekommen haben.

Wir haben uns dann noch ein bisschen unterhalten, ein paar Geschenke dagelassen und sie haben uns Gurken und Eier mit auf den Weg gegeben. Es war ein sehr ergreifendes Szenario und wir haben uns für den Rückweg vorgenommen, sie zu besuchen. Das Dorf heißt Beresowka und liegt 160 Kilometer hinter Krasnojarsk in Richtung Moskau.

Dann haben wir uns um 9:15 h endlich mit dicken Tränen der Rührung in den Augen verabschiedet und sind über die absolut beste Straße gefahren, die, so meinen wir, in Russland zu finden ist – eine vierspurige Straße mit bestem, superglattem Belag.

Vor dem Ortseingang von Krasnojarsk stand ein Wegweiser nach Irkutsk mit der Kilometerangabe 986. Werner hatte uns für das erste Schild, das unter 1.000 km anzeigt, einen Schnaps angedroht, der, egal zu welcher Zeit, unter dem Schild getrunken werden muss. Prost!

Ein paar Meter weiter entdeckte Werner einen großen Supermarkt, der – man höre und staune – „Aldi" heißt. Die Zufahrt hatten wir verpasst und landeten im Anlieferungsbereich. Auch hier wurde wieder schnell verhandelt und wir durften von der Rückseite rein. Schnell hab

Irkutsk unter 1.000 km!

ich noch den Drucker mitgenommen, da dort auch ein Computerladen sein sollte. Quer durch den Baumarkt, der wahrhaftig alles bot, was das Heimwerkerherz begehrt, standen wir dann vor dem Elektronikgeschäft und es gab tatsächlich die Druckerpatrone. Mein Grinsen im Gesicht kann

Aldi in Krasnojarsk

Stellplatz hinter der Dorfschule

man sich vielleicht vorstellen. Nur unvorstellbar ist dieser Laden in Sibirien!!! Wir haben dann noch einiges an Lebensmitteln gebunkert, um für die weitere Strecke ausgestattet zu sein.

Anschließend sind wir dann noch ca. 70 Kilometer gefahren und in ein Dorf abgebogen. Mir fiel ein Gebäude mit ansprechender Außenanlage auf, das ich als ideal fand für eine Übernachtung. Werner nahm es ebenfalls in Augenschein und sprach eine Frau an, die dort arbeitete. Es stellte sich als Schule heraus und wir brauchten erst einmal die Genehmigung des Direktors. Die bekamen wir dann auch und nun denken wir, wird er uns heute Abend noch besuchen. Mal sehen!

Damit die Wartezeit nicht zu lang wird, werde ich wieder eine Email nach Deutschland schicken:

....

Hallo, miteinander!

Ich habe Sorge, dass einige Emails an uns nicht angekommen sind, da ich mehrere Fehlermeldungen bekam. Daher nochmals

*unsere genaue Email-Adresse: ilesch@skyfile.com Ins „Betreff"
m-u-s-s transsib (siehe oben). Das ist ein Passwort als Schutz der
Adresse vor Werbemails.
So, jetzt wieder Bericht: Wir sind kurz hinter Krasnojarsk und
etwa 900 km vor unserem „Wendepunkt", dem Baikalsee.
Es geht uns nach wie vor sehr gut (bis auf die Hitze in Sibirien.
Wir hätten besser Afrika als Ziel gewählt, da muss man nicht so
schwitzen...;-)
Heute früh haben wir eine Familie kennen gelernt, die uns auf
Deutsch angesprochen hat. Es sind Kinder einer Wolgadeutschen.
Die Mutter ist jedoch nun schon 10 Jahre tot und seither wird die
Sprache nicht mehr gesprochen. Sie sagten uns jedoch, dass sie
Deutsch denken und fühlen und sich auch als solche betrachten.
Sie kennen jedoch das Land nicht und wir waren die ersten Deutschen, die leibhaftig vor ihnen standen. Das war schon ein heftig
ergreifendes Erlebnis für uns alle und besonders für die Leonore,
die ein Vorkaufsrecht auf alle am Wasser liegenden Gebäude hat...
Wieder eine Geschichte mehr für die Erinnerungen an unsere
Reise. Und wieder eine Adresse mehr für die Stationen unserer
Rückfahrt. Dort wollen wir auf jeden Fall wieder hin!
Dann hat Frank Holldorf heute angerufen, um sich nach uns zu
erkundigen. Es kam über die deutschen Nachrichten die Meldung
von einem Busunglück in Sibirien. Im Bus waren sechs Deutsche... Wir nicht! Uns geht's gut und alles ist bestens!
Zum Schluss eine Bitte: Wir hätten gern eine Bestätigung,
dass die Email angekommen ist, dann wissen wir, dass es keine
Probleme gibt (siehe oben). Danke!*

*Für heute wieder viele liebe Grüße von den „Sibirjaken"
Ingo, Leonore, Werner, Edith, Horst, Marion und Zilia,
die inzwischen schon etwas russisch bellt...*

....

km 6.819 / 54.002 = gefahren 251 km

Vor dem Bahnübergang der „Trans"

Freitag, 5. August 2005

km 6.819 / 54.002 + 6 Stunden

Pünktlich – wie immer – haben wir heute unseren Standplatz verlassen und uns auf den Weg gemacht. Als wir eine gute Stunde unterwegs waren, sahen wir einen schwer bepackten Fahrradfahrer, der „deutsch" aussah – Grund, sofort zu bremsen. Er stieg auch vom Rad und stellte sich als „Ron Lok", Holländer aus der Nähe von Amsterdam, vor.

Ich war mir ziemlich sicher, dass er keine Kaffeemaschine dabei hat und bot ihm an, Kaffee zu kochen. Fand er eine prima Idee und so hatten wir genügend Zeit, uns mit ihm zu unterhalten. Er ist schon seit Mitte April unterwegs und will etwa ein Jahr unterwegs sein. Es geht für ihn dann weiter durch die Mongolei, China, Malaysia, Indonesien, Australien. Die Tagesetappen liegen bei ihm, je nach Straßenverhältnissen zwischen 130 und 220 Kilometer... Wenn wir so weiter machen, müssen wir damit rechnen, dass er uns überholt.

Dann wurden die Straßen wieder schlechter und schlechter. Wir sind nun in dem uns als „ganz schlecht" angekündigten Streckenabschnitt zwischen Kansk und Tulun. Gegen 16:00 h hatte auch mein Ingo mal die Nase voll und wir wollten einen Stellplatz suchen, möglichst wieder am Wasser, da „Ruhetag" für morgen ansteht. Und das heißt „Waschen + Auto sauber machen". (Unter Ruhetag stell ich mir eigentlich immer was anderes vor...)

Die Suche gestaltete sich mehr als schwierig. Aber es kann ja auch nicht immer auf Anhieb passen. Dazu kam, dass es Freitag ist und da muss man im Dorf nachts mit Betrunkenen rechnen.

Als wir noch ewig weiter gefahren waren, tat sich vor uns ein See auf wie eine Fata Morgana. Egal wie – hin. Für uns hieß das „Egal": Frontschürze gerissen und Rückfahrscheinwerfer abgerissen. Und am Wasser erwarteten uns Scharen von angetrunkenen Jugendlichen. Das war nix!

Also weiter – aus eigener Kraft kamen wir nicht mehr weg und Werner zog uns an. Geschafft! Die Sucherei ging noch eine ganze Zeit weiter und man merkte die Anspannung. (Möchte ich hier nicht weiter ausführen ;-))

Wir folgten dann dem Tipp eines Russen, an einen Fluss zu fahren, der etwa 20 Kilometer entfernt und gut anzufahren war.

Bei „Russens" gäb' es mehr!

Nach unserem „Bütterken" haben wir dann noch bis nach 24:00 h in der Mückenburg von Edith und Werner die selbst gedrehten Videos geguckt und Samogon dazu getrunken.

| km 7.147 / 54.54.330 = gefahren 328 km |

Samstag, 6. August 2005

km 7.147 / 54.330 + 6/7 Stunden

Gestern Abend fing es noch ein bisschen an zu regnen und den Worten Werners zufolge, hat es sich die ganze Nacht drangehalten. Aber davon haben wir nichts mitbekommen, wohl weil wir sehr gut geschlafen haben. Und das, weil es sich abgekühlt hat.

Den Wecker um 6:30 h hab ich einfach ignoriert und Ingo hat mich um 7:00 h wach gemacht. Schön war das!

Wir haben dann auch festgestellt, dass es immer noch leicht vor sich hin regnete. Bestimmt waren wir daher alle schon vorzeitig fertig, denn es ist immer ein Risiko, von einer nassen Wiese wegzufahren. Aber alles ging problemlos und wir hatten noch einige Kilometer gute Straße, dann fing die Katastrophe wieder an... Unbefestigte hucklige, löchrige Abschnitte wechselten sich mit glattem Asphalt ab. Man fragt sich ständig, was das zu bedeuten hat. Wie kommt so eine Straßenqualität zu Stande? Wer trifft die Entscheidung, ein Stück in Ordnung zu bringen und das Zwischenstück wie einen Waldweg zu belassen, obwohl sich alles „M53" (Magistrale = Fernverkehrsstraße) nennt.

Ein Teilstück der Magistrale

Schaschlikbude mit Grill

Zu Mittag haben wir an einer „Ess- und Kaffeebude" gehalten und haben auf die Teller der Fernfahrer gezeigt, dass wir dasselbe haben möchten. Wir bekamen dann Borschtsch und Frikadelle mit Nudeln. Dazu heißen, dünnen, sehr süßen Kaffee. Das Ganze zweimal zum Komplettpreis von 120 Rubel = 3,40 Euro. Später ging's zum Tanken. Tankstelle anfahren, Geld abgeben, „110 Liter, bitte", Schlauch einhängen. Danach wurde uns gesagt, dass es keinen Diesel gibt. Na, vielen Dank! Nicht schlimm, Geld wieder raus und die nächste Tankstelle ist in Sichtweite, schräg gegenüber.

Mit Bedienung und sehr modern. Und mit der Möglichkeit, den Tank ohne vorherige Angabe der Menge ganz voll zu machen. Oh, toll! Unser Tank ist voll, da fährt Werner an die Zapfsäule. Ich will bezahlen, da gibt es ein Problem: Die Jungs vom Service haben die Pistole nicht eingehängt, so läuft die Uhr weiter.

Die Kassiererin muss nun von Hand eine neue Rechnung ausstellen, die Liter auseinander rechnen, alles genau aufschreiben und: der Kassenbon wird mit einer Art Pattex festgemacht. Alles sehr ordentlich, aber es dauert... Wir sind halt in Sibirien. Da hat man Zeit – sehr viel Zeit!

Zum Abend, inzwischen sind die Uhren zum letzten Mal eine Stunde vorgestellt, haben wir einen Platz wieder am Ende einer Seitenstraße im Dorf gefunden. Alle um uns herum sind fasziniert von den Autos und von uns. Aber das ist nichts Neues.

km 7.357 / 54.540 = gefahren 210 km

Sibirische Dorfidylle

Sonntag, 7. August 2005

km 7.147 / 54.330 + 6 Stunden

Heute ist Ruhetag! Auch für den Computer! Wir stehen noch am Wasser, waschen Wäsche und Autos und eigentlich hatte ich mir unter „Ruhetag" auch was anderes vorgestellt. Wir bemühen uns, dass die sibirischen Mücken von uns noch was übrig lassen für die deutschen Mücken... Damit sind wir am allermeisten beschäftigt. Die Biester wissen genau, dass was Leckeres kommt, wenn man sich erst einmal durch den Autan-Anzug gearbeitet hat.

Sonst ist nichts Besonderes zu berichten.

km 7.357 / 54.540 = gefahren 0 km

Montag, 8. August 2005

km 7.357 / 54.540 + 7 Stunden

Gestern Abend hatten wir noch Bescherung. Ich hatte der Dame „von gegenüber" zwei Pullover von mir gegeben. Dann waren wir spazieren. Dorf auf und ab. „Glas-Bier-Geschäfte" gibt's hier nicht.

Als wir zurückkommen, steht am Haus der Frau das Tor offen und eh wir uns versehen, ist sie mit einer großen Tüte bei uns: selbst gemachte Sahne, Quark, Himbeermarmelade, Preiselbeerkompott und Gurken. Die Versorgung ist wieder gesichert. Die Nachtruhe wird von mehr oder weniger dezentem Hundegekläff untermalt.

Die Fahrt heute geht in bekanntem „Schlaglochslalom" weiter. Wir haben bis Mittag erst 57 Kilometer geschafft – ohne Bummeln.

„Schlaglochslalom"

Aber ab Tulun wird es besser und wir können noch einige Kilometer gutmachen. Gegen 17:00 h sind wir wieder von der Hauptstraße ab – inzwischen kann man sie wieder so nennen – in ein Dorf gefahren. Die Kinder sind hier wieder schlimmer als Fliegen und sehr aufdringlich. Edith hat Sorge ums ganze Auto und wir um unsere Aufkleber...

km 7.619 / 54.802 = gefahren 262 km

Dienstag, 9. August 2005
Edith hat Geburtstag

km 7.619 / 54.802 + 7 Stunden

Ja, ihren Geburtstag wird sich Edith auch anders vorgestellt haben – und wir auch!

Warum? Also: Ingo schlief mit den Ohrenstoppen, die seinerzeit unter seinen Schluffen klebten (da hätte er sie besser kleben lassen...) Gegen 1:15 h werde ich wach von einem Geräusch am Wohnmobil, hab nach meinem Beschützer gerufen, aber – siehe oben... Er schläft weiterhin ruhig, selig und süß. Na, da lass ich ihn auch besser schlafen, mach Außenlicht an, zieh eine Rausgeh-Hose an, hol die Taschenlampe von Ingos Bett (der schläft weiterhin fest) und klettere aus dem Auto. Da ist natürlich niemand. Ich hatte damit gerechnet, dass die Jugendlichen versucht haben, den Sticker von Barry am Heck abzuziehen. Das hätte auch ein lautes Geräusch geben können. Aber der klebt fest und nach wie vor dort, wo er hingehört. Ich wunderte mich allerdings schon über die Tomaten vor der Garagen-Seitentür. Und eine volle Flasche Wasser, die dort rum liegt. Und dann: „Ingo der Schussel hat nach dem Auto-Waschen die Außendusche aus der Tür hängen lassen". Also hol ich mir einen Schlüssel aus dem Womo – Ingo schläft immer noch – und leg die Dusche hin, wo sie hingehört.

Verwundert bin ich dann doch über das ramponierte Schloss der Seitentür. Aber dabei denk ich mir erst was, als ich wieder im Bett liege. Und Ingo schläft immer noch...

Bei mir kreisen die Gedanken, doch irgendwann schlaf ich wieder ein. Gegen 3:30 h (inzwischen sind die Stoppen aus den Ohren gefallen und liegen im Bett) wird Ingo von einem Geräusch aus dem Schlaf gerissen und ist sofort schwer bewaffnet mit Knüppel und Taschenlampe unterwegs. Ich erzähl ihm noch schnell die Begebenheiten, die ich erlebt habe. Draußen kommen auch Edith und Werner und wir stellen fest, dass man unsere Tür wohl mit einem Schraubenzieher geöffnet hatte und unsere selbstgefüllten Wasserflaschen, alle Bonbons (armer Ingo), zwei Putzeimer und diverse Lebensmittel sind weg.

Mitten in der Aufregung müssen wir Edith dann erst mal zum Geburtstag gratulieren. Als wir sehen, dass eigentlich nichts weiter auszurichten ist, lädt Werner uns ein, eine Flasche Geburtstagssekt zu trinken. Und das um 3:45 h...

Erst ist an Schlaf nicht zu denken, aber dann wird doch weiter geratzt. Morgens gibt es natürlich auch nur ein Thema. Auch stellen wir fest, dass der Einsatz für den Blinker und den Rückfahrscheinwerfer ebenfalls fehlen. Ingo macht sich auf die Socken und findet noch einen Kleiderbügel, eine Flasche Wasser und tatsächlich auch den Rückstrahler in allen Einzelteilen.

Das defekte Schloss

Werner montiert alles wieder und wir sind froh, dass sie nicht wussten, welche schönen Sachen in den sechs Kisten sind. Also eigentlich kein Schaden bis auf das Schloss. Aber es funktioniert noch.

Mit dicken Augen machen wir uns dann auf den Weg, um die letzten ca. 200 Kilometer bis Irkutsk zu fahren. Es regnet leider den ganzen Tag. Als zur Frühstückspause geblasen wird, liegen Werner und Ingo sofort in den Betten und schlafen die halbe Stunde. Ich habe bereits während der Fahrt geschlafen. Und ich glaube, dass ich bald gar keinen Schlaf mehr finde, wenn es nicht rappelt und schaukelt. Sibirien-Syndrom nennt man das dann wohl...

Zu Mittag essen wir gegen 15:00 h in einer kleinen Raststätte mit mongolischer Küche. Nicht besonders gut, nicht besonders lecker, aber auch „nicht spülen".

Der Ortseingang von Irkutsk

Gegen 16:00 h bei Kilometerstand 7.822 / 55.005 erreichen wir den Ortseingang von Irkutsk. Das Verkehrschaos tobt vor sich hin und wir mitten drin und müssen x-mal fragen.

Weder die Polizei, noch alle anderen Befragten schicken uns richtig und so fährt letztendlich wieder ein Taxi vor. Wir müssen zum Zoll, um die Einfuhr für unsere Fahrzeuge von einem auf drei Monate zu verlängern. Und dann brauchen wir eine Registrierung. Aber das wird wieder eine andere Behörde machen.

Um 18:30 h angekommen bei der Registrierungsbehörde erfahren wir dort, dass wir an der falschen Dienststelle sind. Doch der Beamte ist sehr nett und erklärt Werner genau, wo wir morgen hin müssen und wer für uns zuständig ist.

Na, erst mal gibt's noch Geburtstagskaffee und -kuchen bei Edith. Es kann ja nicht alles unter den Tisch fallen.

Zwei Männer kommen mit uns ins Gespräch und leiten uns zu einem Übernachtungsplatz direkt vor dem Krankenhaus und längs der Hauptverkehrsstraße – aber sicher: Der Wächter wird für 100 Rubel auf uns aufpassen. Nun, alles kann man nicht haben. Ich denke, es kommen heute wieder die Stoppen zum Einsatz (die von unter-den-Schluffen), denn es wird ja auf uns aufgepasst.

Morgen früh will uns Igor, der eine von den beiden, dann um 8:00 h zur Behörde bringen. Nun, wir harren der Dinge, die da kommen.

km 7.844 / 55.027 = gefahren 225 km

Mittwoch, 10. August 2005

> km 7.844 / 55.027 + 7 Stunden

Punkt 8:00 h ist unser neuer Freund Igor da und lotst uns wieder zurück quer durch die Innenstadt zum Zoll. Eine Dienststelle, die wir niiiiie gefunden hätten. Hinterhofgebäude in miesester Umgebung mit halb zugewachsenem Eingang. Aufschrift am Tor „Zollabfertigung für die Einfuhr von Waren aus China".

Igor ist überall dabei und tritt als „Vermittler" auf. So einer ist in Russland sehr wichtig. Noch wichtiger war, dass Werner jeden Mitarbeiter ansprechen konnte mit der Frage: „Guten Tag, sind Sie Herr Meier?" („Herr Meier" ist der Dienststellenleiter) So wurde Werner zu einem wichtigen Mann, denn er weiß, wer der Dienststellenleiter ist. Ach ja, Herr Meier...

X-mal schickt man ihn hin und her dies holen, das kopieren lassen, wieder warten, „Kollege kommt gleich". Alles geht hier nach dem Motto: Wir haben euch nicht gerufen. Wenn euch was nicht passt, hättet ihr zu Hause bleiben oder nach Spanien fahren können.

Um 12:00 h läuft meine kleine Womo-Küche auf Hochtouren: Wir haben Werner und Edith zum Mittagessen eingeladen. Es gibt Hackbällchen aus der Dose mit Reis (endlich mal was vom real-Einkauf) und Gurkensalat. Und siehe da, es funktioniert. Und Platz ist in der kleinsten Hütte.

Gegen 14:30 h schickt man Werner dann das letzte Mal zurück zu den Autos, um die nur für einen Monat geltenden Zollerklärungen einzusammeln und zurückzugeben. Aber die neuen, die nun bis zur Ausreise gültig sind, haben wir schon mal in Händen und können gegen 15:00 h an die Angara fahren. Dort finden wir einen großen Parkplatz mit Blick aufs Wasser, nebenan ist der Chinesenmarkt für Pörmel und gegenüber der Russenmarkt mit Lebensmitteln. Wir stöbern noch ein bisschen und dann rufen wir Marina an, deren Telefonnummer uns von Natalie Laukart als „Hilfe in allen Lebenslagen" mitgegeben wurde. Sie kommt zu uns und wir haben ein sehr nettes Gespräch.

Als sie uns gegen 21:45 h verlässt, gehen wir noch zum Bistro, wo wir schon gesessen haben, weil dort die andern sind. Die haben aber inzwischen schon ordentlich Wodka getankt. Da passen wir so gar nicht hin. Also schleichen wir uns wieder davon und gehen bald ins Bett, weil wir morgen einen Ausflug mit Igor machen wollen.

> km 7.879 / 55.062 = gefahren 35 km

Donnerstag, 11. August 2005

> km 7.879 / 55.062 + 7 Stunden

Klopf, klopf, klopf: „Werner, Edith aufstehen!!! Igor kommt gleich und holt uns zum Ausflug ab!" Und tatsächlich, um 9:00 h ist er schon da. Ein kleiner Bus für 14 Personen, wie er auch im Linienverkehr eingesetzt wird. Als die Schlafmützen dann fertig sind, kann's losgehen. Erst zur Bank und Geld wechseln.

Das mit dem Stempel für die Registrierung will Igor selbst machen, er habe auch einen Stempel... Na, wenn das mal gut geht.

Nun, dann kann's ja losgehen in Richtung Baikal.

Wir fahren aus der Stadt heraus und dann immer geradeaus, die Baikalstraße entlang. Eine wunderschöne Strecke entlang der Angara immer bergauf und bergab, wie Kirmes auf der Achterbahn fühlt es sich an. Und dann einen Russen als Fahrer... Aber wir leben noch, wie man daran erkennen kann, dass ich hier meine Fortsetzung schreibe.

Leider regnet es den ganzen Vormittag. Aber was soll's, ist eh nicht zu ändern. Ja – und dann liegt er vor uns: der Baikalsee. Unfassbar! Unglaublich! Wir stehen hier: leibhaftig! Ein irres Gefühl, es geschafft zu haben.

Wegen des Nieselregens machen wir nur einen kurzen Spaziergang in Listwjanka und lassen uns dann in einem Café nieder und warten darauf, dass der Omul im Räucherofen gar wird. Den wollen wir unbedingt noch probieren.

Listwjanka

Endlich am Baikal!

Später besuchen wir das Baikalmuseum, und dann fährt Igor uns zurück nach Irkutsk. Er lässt uns am Zentralmarkt raus, damit wir ein bisschen „bummeln" können. Erst mal wollen wir eine russische „Pre-paid-Karte" fürs Handy kaufen. Also rein in den völlig überfüllten Telefonladen. Als wir dran sind, erklärt die Tante, dass sie nur Verträge verkaufen. Das reicht, um den Gedanken wieder über Bord zu werfen.

Wir verabreden dann einen Zeitpunkt und alle gehen allein weiter. Wir erst mal in die Markthalle, die im Erdgeschoss ein schier umwerfendes Lebensmittelangebot hat. Ein bisschen erinnert sie uns an die Markthalle in Palma, doch mit Sicherheit ist sie größer und das Angebot erscheint uns reichhaltiger. Vielleicht nicht beim Fisch, aber bei allem anderen...

Im Obergeschoss ist „Non-Food" in allen Variationen. Es fehlt hier weder das Nagelstudio noch der Kosmetiksalon und somit ist hier natürlich auch ein Friseur! Ingo lässt sich die Murmel abdrehen. Von einer Frau!!! Hat sie sehr gut gemacht und das für umgerechnet 4,30 Euro. Nacheinander gaben zwar alle Akku-Haarschneider den Geist auf, aber sie hatte „für den Notfall" auch die richtigen Scheren.

Dann stehen wir wieder vor einem Telefonladen, der wohl Pre-paid-Karten verkauft. Als wir uns später mit den anderen wieder treffen, berichten wir von unserer wunderbaren Entdeckung und Werner geht gleich mit mir hin: quer durch die Markthalle, die vier Treppen hoch in die zweite Etage. Der nette junge Mann erklärt etwas, schreibt einen Zettel und verweist uns wieder zurück in den anderen Laden.

Also die vier Treppen runter, quer durch die Markthalle. Dort angekommen wird lamentiert und nur mit dem Kopf geschüttelt. Das passe alles nicht in unser Telefon. Ich versteh das nicht! Der junge Mann oben hatte genau die Chipkarte, die wir brauchen. Da bin ich sicher! Also wieder quer durch die Markthalle, die vier Treppen hoch zu dem jungen Mann. Der erklärt uns dann, dass er wohl die Chipkarte habe, wir brauchen aber bezahlte Gebührenkarten, damit er die Chipkarte laden und einsetzen kann. Die gibt's drüben im anderen Geschäft oder in irgendeinem Kiosk, er hat zurzeit keine…

Also: wieder runter. Werner entdeckt so einen Kiosk, wir kaufen fünf Karten à 100 Rubel, da es keine größeren gibt. Das hätten wir!

Wieder die vier Treppen nach oben zu dem netten jungen Mann. O.k. Dann schreiben wir einen Antrag für die Karte. „Bitte Ihren Pass." Pass für eine Pre-Paid-Karte??? Das darf nicht wahr sein… Der ist bei Ingo in der Tasche.

Also die vier Treppen runter, quer durch die Markthalle und rüber, den Pass holen. Zurück und quer durch die Markhalle die vier Treppen hoch – ich bin kurz vor dem Ende…

Der nette junge Mann guckt in den Pass, schreibt meinen Namen und erfindet mit Werner eine Irkutsker Adresse für mich, das ist einfacher. D-A-F-Ü-R MUSSTEN WIR DEN PASS HOLEN!!!

In dem Moment guckt Werner hoch und entdeckt eine Landkarte, auf der ein Gebiet von der Telefongesellschaft eingezeichnet ist. „Sagen Sie bitte, die Karte funktioniert wohl nur, wenn ich mich in dieser Region befinde?" „Ja, natürlich."

Ich rufe nur noch „Stopp". Jetzt reicht's. Ich will das Ding von überall aus abtelefonieren können! Einpacken! Spätestens in diesem Moment ist auch der nette junge Mann gar nicht mehr nett… Unten angekommen, gibt uns die Dame aus dem Kiosk zum Glück aber widerwillig die

500 Rubel für die schon bezahlten Gebühren zurück. Ich bin am Ende. Das war russische Organisation live!

Igor bringt uns zurück zu den Womos und wir sind stehend k.o. Jetzt warten wir noch auf Marina, die nach dem Essen mit ihren Mädels zu uns kommen will.

> km 7.879 / 55.062 = gefahren 0 km

Freitag, 12. August 2005

> km 7.879 / 55.062 + 7 Stunden

Marina war gestern Abend noch bei uns mit ihrem ehemaligen Kommilitonen Denis. Ein sympathischer und sehr gebildeter junger Mann, der demnächst mit dem Thema „Deutsche Dialekte" promovieren möchte. Auch er würde uns weiterhelfen, wenn erforderlich.

Marina, Denis, Werner und Ingo

Wir haben uns für heute früh, 9:30 h, mit Marina verabredet, um das mit der Registrierung vielleicht doch noch offiziell hinzubekommen. Sie war mit Werner und Ingo zwei Stunden in der Stadt. Leider ohne Erfolg. Im Reisebüro „Martin Hoffmann" taten sich die Mitarbeiter sehr schwer und Hoffmann selbst hatte gestern eine Feier... Ich nutze die Zwischenzeit, um noch die Email von gestern einzufügen:

Sdrastwutje!

...das wenigste, was man können sollte, wenn das „große Etappenziel" erreicht ist.

Gestern am späten Nachmittag sind wir in Irkutsk angekommen. Es goss aus Kübeln, der Verkehr war haarsträubend und wir mussten quer durch die Großstadt. So ein richtig sch...öner Auftakt. Nun, wir haben alles gemeistert und dann kam wieder der Zufall dazu: Durch das Interesse, das unsere Autos überall wecken, kam ein Herr auf uns zu. Eine kurze, nette Unterhaltung mit Werner und er bot sich an, uns heute früh zum Zoll zu fahren, damit wir unsere Formalitäten erledigen können.

Übernachten sollten wir beim Krankenhaus, wo seine Kollegen Wachdienst haben. Er fuhr voraus.

Pünktlich um 8:00 h war er heute Morgen wieder da, holte uns ab, ging mit zu den Behörden und bot uns für morgen an, uns mit seinem Kleinbus, der gerade frei sei, durch die Gegend zu fahren. Besser geht's ja wohl nicht!!!

Das Wetter hat inzwischen wieder annähernd sibirische Temperatur: 29° um 19:30 h. (Bei euch ist's ja erst 12:30 h).

Irkutsk und Umgebung wird für die nächsten zwei Wochen etwa unser Basislager sein. Es liegt gut 80 km vom Baikalsee entfernt. Autofahren mag zurzeit keiner. Nach 8.000 km hat man erst mal die Nase gestrichen voll. Die Straßen werden immer katastrophaler, je weiter man nach Osten kommt.

Sonst ist auch alles so, wie es sein sollte. Autos funktionieren und die Menschen auch (wenn man hier und da ein bisschen nachhilft...)

Ja, Leute, hier erlebt man Sachen, die bei uns unmöglich sind. Wir sitzen direkt an der Angara (einziger Abfluss aus dem Baikalsee, der aber 359 Zuflüsse hat) an einem Art Straßencafé und man hat uns dort angeboten, dass sie uns unseren eigenen Fisch zubereiten. Der Salat, den wir zu Mittag hatten, war kostenlos. „Beilagen werden nicht berechnet". Uns fehlen die Worte.

So, nun hoffen wir, dass es euch allen genau so gut geht, wie uns. Und ein Tipp zum Schluss: Wer mal Urlaub machen möchte mit „Schön-Wetter-Garantie", der muss nach Sibirien. Man braucht nur ein ordentliches Auto und ein bisschen Zeit...

*Für heute recht herzliche Grüße
von den sechs Sibirjaken mit Hund!
Da-skòraj fstrjètschi!*

O.k., das heißt „bis bald" ;-))

....

So haben wir uns dann gegen 13:00 h fröhlich auf den Weg gemacht, um ans „kleine Meer" zu fahren. Das ist der Bereich des Baikalsees zwischen dem Festland und der Insel Olchon. Da das Wasser hier maximal 200 m tief ist, erwärmt es sich deutlich mehr (bis auf 20°) als im restlichen See und wird in allen Reiseführern und von allen Befragten als wunderschöne Gegend hoch gelobt. Also: nix wie hin! Dort wollen wir mindestens 14 Tage verbringen und es uns gut gehen lassen.

Leute, das Leben ist schön! Wir haben ca. 25°, die Sonne scheint und die Straßen sind wunderbar. Russland ist schön! Ach, wie schön ist der Baikalsee! Nä, wat geht et uns gut...

Richtung Baikalufer

Doch man soll den Tag nicht vor dem Abend loben.

Nach ganz locker gefahrenen 270 Kilometern hört der Asphalt wieder jäh auf und vor uns liegt Schotterpiste. Kann ja bestimmt nicht viel sein. Und ist gar nicht schlimm. Das Geschockel hält wenigstens wach.

Aber es kam, wie's kommen musste, die Piste bleibt unbefestigt. Und daran ändert sich auch nix mehr. Also, wieder Kukident an die Prothesen und ab durch die Mitte. Die Russen fahren wie die Geisteskranken. Unsere größte Sorge ist, dass uns ein Stein in die riesige Windschutzscheibe fliegt. Dann wäre Ende mit Lustig. Irgendwann entdecken wir völlig entnervt zwischen den Bergen ein kleines graues Dreieck: Der Baikal! Geschafft! Nun noch schnell ans Ufer und dann erst mal Urlaub machen.

Tschernorud

Aber so einfach ist das nicht. Überall sind für uns unüberwindliche Wege durch die Bäume über die Hügel. Also fahren wir irgendwann völlig resigniert in das Dorf Tschernorud, das vier Kilometer vom See entfernt liegt, um dort erst mal zu übernachten. Wir versuchen vergeblich, noch Brot zu kaufen, werden im Lädchen aber äußerst freundlich von einer Frau mit sehr mongolischen Zügen mit ein paar deutschen Brocken angesprochen. Auch sonst ist alles ganz nett dort und die Häuser sind lange nicht so verriegelt und verrammelt, wie in den anderen Dörfern.

Wen's juckt, der kratze sich...

Das scheint daran zu liegen, dass die Mongolen eine andere Mentalität haben.

Wie gehabt stehen wir wieder mal im Durchgangsbereich der Kühe, die später noch nach Hause getrieben werden. Die Tiere sind wieder sehr interessiert und die eine oder andere Kuh betrachtet sich ganz interessiert in unseren Außenspiegeln. Ein paar gehen gar nicht nach Hause, sondern verbringen die Nacht bei unseren Fahrzeugen. Beim Fressen hauen sie dann gelegentlich mit den Hörnern gegens Womo. Und wenn nicht versehentlich gegen das Auto geklopft wird, kann man sich auch prima dran kratzen...

Öfter mal was Neues!

> km 8.122 / 55.305 = gefahren 243 km

Die Zufahrtstraße...

Samstag, 13. August 2005

km 8.122 / 55.305 + 7 Stunden

Zur gewohnten Zeit um 8:30 h machen wir uns auf den Weg. Heute nun wollen wir aber wirklich an den See. Werner hat gestern Abend noch mit jemand gesprochen, der uns riet, die Straße noch ca. 30 Kilometer weiter zu fahren. Sie wird auch nicht schlechter... (welch ein Trost!)

Und ich hab' vorsichtshalber schon mal einen Topf Buntes eingeweicht. Die Schokoladenflecken müssen wieder raus. Wenn man steht und endlich Urlaub macht, kann auch die Wäsche schön im Wind flattern.

Tatsächlich kommen wir nun an große, ebene Stellen, an denen sogar gezeltet wird. Sogar richtige Ferienhaussiedlungen gibt es. Aber vor alle Zufahrten hat die Natur eine Senke gemacht, die wir nicht durchfahren können. So fahren wir und fahren. Und halten Ausschau

... zum kleinen Meer

nach für uns geeigneten Zufahrten. Und nach einem „Produkty Magazin" (Lebensmittelladen), da wir alle noch Brot brauchen.

In Sarma ist der Laden. Rein: kein Brot. O.k., weiter. Bis zum bitteren Ende. Bis Kurma. Wieder ein Laden. Kein Brot. Aber morgen. Und an jedem Meter Straße gucken wir nach Möglichkeiten, zum See zu fahren. Aber nix; nix Allrad – nix Baikal. So einfach ist das.

Damit wenigstens die Verpflegung gewährleistet ist, beschließen wir, hier, im letzten Ort der Welt, stehen zu bleiben und auf die morgige Brotlieferung zu warten. Und – wir sehen auch den See. Allerdings stehen wir halb auf der Dorfstraße. Auch ganz nett und gar nicht schlimm. Denn eins ist sicher: Im letzten Dorf der Welt gibt es keinen Durchgangsverkehr!

Jetzt mach ich erst mal die Wäsche fertig. Und dann das Wohnmobil. Das hat's arg nötig.

Und Besuch haben wir auch: ein großer dicker hungriger Hund. Eine Mischung aus Neufundländer und Bernhardiner. Werner hat ihn gleich „Scharek" getauft. Ein russischer Allerwelts-Hundename wie bei uns

Bello. Bei näherem Hinsehen stellten wir dann schnell fest, dass „Scharekowa" besser passt. Ganz lieb liegt sie den halben Tag vor unserem Auto und beobachtet alles. Auch die Wäsche. Bis es ihr dann zu doll regnet... Noch Fragen?

Nun sitze ich hier und schreibe und bin froh, dass das Womo wenigstens dicht ist. Und dass ich eine warme Jacke habe.

Und eines hab ich inzwischen festgestellt: den Baikalsee bekommt man nicht geschenkt. Da muss man richtig was für tun...

Schareks erste Kontaktaufnahme

km 8.156 / 55.339 = gefahren 34 km

Hier sollten wir herfahren?!

Sonntag, 14. August 2005

| km 8.156 / 55.339 + 7 Stunden |

Ausschlafen! Urlaub machen am Baikalsee! Und erst mal die nass weggelegte Wäsche in den Wind hängen.

Werner macht sich auf den Weg und kommt mit 5 kg Omul zurück. Eben sind die sechs Fische noch umhergeschwommen. Zwei Stunden später liegen sie in Werners Pfannen. Einfach nur ein Traum.

Nach dem Essen machen wir uns dann noch auf den Weg zum Wasser. Man muss ein Stück Sumpf durchqueren. Aber wird dann auch reichlich dafür belohnt. Zum Beispiel mit vielen wunderschönen Steinen.

Man möchte alle mitnehmen. Aber das ist genau so unmöglich, wie die Dimensionen und die Eigenart des Sees zu erfassen.

Und Scharekowa ist auch wieder den ganzen Tag bei uns.

| km 8.156 / 55.339 = gefahren 0 km |

Ganz frischer Omul – das gibt's nur am Baikalsee

Scharek traut sich näher ran

Montag, 15. August 2005

> km 8.156 / 55.339 + 7 Stunden

Gegen 10:00 h verabschieden sich Marion und Horst, da sie zur Insel Olchon übersetzen möchten.

Wir haben inzwischen beschlossen, dort stehen zu bleiben, wo wir sind. Dort haben wir eine wunderschöne Aussicht und gleich einen Laden, falls was fehlt. Eine gute Stunde später erfahren wir, dass heute der letzte Tag vom Geschäft ist. Die Saison ist zu Ende und es werden nur noch Reste verkauft. Also gibt's auch kein Brot mehr. Wir werden eine Lösung finden.

Jetzt machen wir dann weiter Urlaub – am Baikalsee!!!

Also, viel passiert hier nicht. Ruhe halten, gute Luft genießen, schöne Landschaft angucken und beobachten, wie sich einige Autos im Sumpf festfahren. Abends machen wir noch einen Spaziergang zum Wasser und wollen wieder auf den schmalen Streifen aus Steinen, der zur Halbin-

sel führt. Aufgrund des Regens ist dieser aber nur mit Gummistiefeln bis zu den Ohren oder aber barfuß zu erreichen, da der Sumpfbereich sich mächtig ausgedehnt hat. Mangels Masse entscheiden wir uns für die Barfuss-Variante und krempeln die Hosen hoch. Sehr erstaunt stellen wir fest, wie angenehm der Sumpf an den Füßen ist und dass das Wasser gar nicht kalt ist.

Wir kommen noch mit ein paar russischen Anglern ins Gespräch und sofort werden „Baikalwasser" (1/2 reiner Alkohol + 1/2 Baikalwasser) und Salzgurken rumgereicht. Müde und zufrieden marschieren wir wieder nach Hause und gehen früh schlafen.

km 8.156 / 55.339 = gefahren 0 km

Dienstag, 16. August 2005

km 8.156 / 55.339 + 7 Stunden

Gut ausgeschlafen starten wir gegen 10:00 h den neuen Tag. Zuerst bekommt Scharek von Edith einen neuen Haarschnitt verpasst. Die Ärmste, wie sie aber auch aussieht. Völlig zerzaust und verfilzt. Schnell

sind Kamm und Schere im Einsatz und ich versuche die dicke Liese festzuhalten und am Hinsetzen zu hindern.

Eine Stunde später haben wir eine Einkaufstüte voll Scharek, sind dreckig von oben bis unten, aber auch zufrieden mit unserem Werk. Man weiß ja nie, wofür das gut ist...

Gehören tut sie jedenfalls niemand, hat Werner im Dorf in Erfahrung gebracht.

Von mir bekommt sie wieder eine Dose aus dem Vorrat aufgemacht und Werner kocht vorsorglich Eisbein, damit der Hund die Knochen haben kann.

Später radeln die Männer noch umher und entdecken einen Platz, der gut anzufahren ist und wo wir direkt am Baikal stehen können. Wir packen ein und verabschieden uns unter Tränen von unserem Wachhund.

Doch der Platz ist gigantisch und tröstet uns über den Abschiedsschmerz hinweg. Wenn die Dicke wüsste, dass wir noch ganz in der Nähe sind...

km 8.159 / 55.342 = gefahren 3 km

Mittwoch, 17. August 2005

> km 8.156 / 55.339 + 7 Stunden

Am Morgen werden wir gegen 9:00 h von der Sonne geweckt. Edith und ich beschließen, alles zu waschen, was sich waschen lässt. Da werden die Betten abgezogen und gleich gelüftet. Den Baikal direkt vor der Tür und Sonne mit Wind dazu, das muss man ausnutzen! Die Männer nehmen Reißaus und spazieren zur Insel.

Gegen Abend kommen noch die Leute aus Irkutsk, die wir tags zuvor kennen gelernt hatten, um unsere Autos anzugucken und sich zu verabschieden. Für sie geht's morgen nach Hause.

Sie waren zwei Wochen dort und machen „Naturcamping". Das ist ein kleines Iglu-Zelt für die vier Personen zum Schlafen. Alles andere wird aus Folie und Holzstäben gebaut: ein „Versorgungs-Zelt" ein" Vorrats-Zelt" und sogar ein „Toiletten-Zelt"... Und sie haben erzählt, sie hätten auch ein „Banja-Zelt". Wie auch immer – alles ist für uns unfassbar.

Urlaub am Baikalsee – so haben wir uns das vorgestellt...

Wir trinken gemeinsam Tee und versuchen, uns zu unterhalten. Werner übersetzt und der Sohn und ich versuchen es in Englisch. Und es klappt!

Spät, als wir schon in den Betten liegen, hören wir ein Feuerwerk. Sie hatten es angekündigt und scheint für die Leute hier Tradition zu sein, wenn der Urlaub zu Ende geht. Vielleicht nehmen wir uns ein Beispiel daran?!

km 8.159 / 55.342 = gefahren 3 km

Donnerstag, 18. August 2005

| km 8.159 / 55.342 + 7 Stunden |

Abschied vom Seeufer

Schweren Herzens aber auch voller Erwartung auf neue Eindrücke machen wir uns pünktlich um 8:30 h mutterseelenallein auf den Weg zurück nach Irkutsk. Da wir wussten, was uns erwartet, war die Fahrt gut zu ertragen.

Unterwegs müssen wir ganz allein einen Wodka trinken, als unser Kilometerzähler auf „55.555" steht.

Am Nachmittag erreichen wir den Parkplatz „Fortuna" an der Angara und werden von den Leuten vom Kiosk herzlich begrüßt.

Wir gehen noch mal über den Markt, dann gibt's Schaschlik, eine Email nach Deutschland und danach geht's ab ins Bett!

Kontraste am Wegesrand: die allgegenwärtigen Gänse und eine Schamanen-Gedenkstätte

Ein weiteres wichtiges Ziel ist erreicht: Irkutsk

Hallo an alle, die unsere Emails bekommen!

Nun haben wir uns schon eine ganze Weile nicht gemeldet. Nicht etwa, weil wir die Heimat schon vergessen haben, sondern weil wir erst einmal die vielen Eindrücke verarbeiten mussten, die uns hier nahezu überwältigen.
Man hört immer wieder von der „Magie des Baikals".
Doch wenn man sich zu den Menschen zählt, die eher eine realistische Lebenseinstellung haben, kann man sich darunter nicht viel vorstellen. Also sind wir losgefahren, um uns vom Baikal und seiner Magie überraschen zu lassen.
Von Irkutsk aus (die Russen sagen, es liegt am Baikal, ist aber tatsächlich 80 km entfernt) haben wir uns vergangene Woche auf den Weg gemacht zum „Kleinen Meer". Das ist ein Bereich zwischen Festland und der Insel Olchon. Hier sollen gemäßigte Luft- und Wassertemperaturen sein und landschaftlich wäre es sehr reizvoll, sagte man uns und das hatten wir bereits gelesen.
Mit unserer immer noch sehr mitteleuropäischen Denkweise machten wir uns auf den Weg und wollten dieses touristisch erschlossene Gebiet für uns erobern. Ab Irkutsk waren es etwa

270 km. 200 km davon waren gut, dann ging „es" wieder los: kein Asphalt, nur Splitt und Staub, Querrillen und Löcher... Wir haben uns abgewöhnt zu schimpfen, denn wir haben inzwischen begriffen, dass uns niemand gerufen hat. Wir hätten zu Hause bleiben können!

Aber nein, wir haben es ertragen und überstanden und dafür eine Landschaft vorgesetzt bekommen, die uns aller Worte beraubt. Wir haben niemals zuvor solche Luft gerochen, eine solche Aussicht genossen und solche Ruhe verspürt, wie wir es hier erlebt haben. So leid es uns tut – man kann es nicht beschreiben. Aber: Wer's sehen und erleben will, sollte sich auf den Weg machen und kann sich bei uns die entsprechenden Reisetipps abholen (gegen Bezahlung versteht sich, wir müssen schließlich unsere Kosten wieder reinholen ;-))

Inzwischen sind Ingo und ich zurück in Irkutsk, weil es mein Wunsch ist, einmal mit der Transsibirischen Eisenbahn zu fahren. Wir wollen am Samstag um 7:00 h (dann geht ihr am Freitag um 0:00 h vielleicht gerade zu Bett) hier los und sind dann gegen 14:00h in Ulan-Ude. Dort wollen wir die Stadt ansehen und das größte buddhistische Kloster Russlands, dem eine Universität und eine Klinik für tibetische Medizin angeschlossen sind. Werner und Edith genießen noch ein paar Tage das „kleine Meer" und Horst und Marion sind auf der Insel Olchon. Am Montag treffen wir uns dann wieder hier im „Basislager". So, genug für heute. Wir brauchen jetzt wieder Zeit, zum „Eindrücke verarbeiten".

Herzliche Grüße aus der Ferne
Ingo + Leonore, die auch von Werner, Edith, Horst und Marion viele Grüße ausrichten!

---

km 8.423 / 55.606 = gefahren 264 km

Leonore, Nadja und Marina

Freitag, 19. August 2005

km 8.423 / 55.606 + 7 Stunden

Pünktlich um 10:00 h ist Marina bei uns und bringt ihre Bekannte Nadja mit. Wir quatschen ein bisschen und Nadja lädt uns zu sich zum Essen ein. Sie und ihr Mann erwarten uns um 16:00 h. Wir fahren sie nach Hause und lassen unser Auto im Hof stehen.

Mit Marina fahren wir „Microbus". Ein Kleinbus für 14 Personen, der alle Nase lang fährt und bei dem jede Strecke acht Rubel kostet. Es geht zuerst zum Bahnhof. Ein beeindruckendes Gebäude! Dort kaufen wir die Fahrkarten nach Ulan-Ude. Samstag hin – Sonntag zurück.

Weiter geht's zum Chinesenmarkt. Wie üblich kaufen wir allen möglichen Blödsinn. Hoffentlich kann es irgendjemand jemals gebrauchen…

Wieder geht's mit dem Microbus weiter – diesmal zu Nadja.

Zum Essen bei Nadja und Alexej – einfach nur lecker!

Fast schon fix und alle kommen wir dort an. Ihr Mann Alexej kommt auch gerade nach Hause und wir sind sehr überrascht von ihrer schönen Wohnung. Alle Achtung! Nadja hat ein tolles Essen vorbereitet und die Sympathie liegt auf beiden Seiten.

Es stellt sich nach und nach heraus, dass Alexej inzwischen drei Cafés betreibt und seine Frau drei Boutiquen. Wir befinden uns „in gehobenem Niveau". Sie bieten sich wie selbstverständlich an, uns am anderen Morgen zum Bahnhof zu fahren. Abends fährt Ingo noch mit ihnen zu einem bewachten Stellplatz für unser Womo. Sie meinen, dass es vor dem Haus zu unsicher ist, zumal sie selbst zu ihrer Datscha fahren werden. Gegen 23:00 h beenden wir ungern den netten Abend und gehen schlafen.

km 8.423 / 55.606 = gefahren 0 km

Samstag, 20. August 2005

| km 8.423 / 55.606 + 7 Stunden |

Pünktlich um 5:45 h (!!!) stehen Nadja und Alexej vor unserem Auto. Wie verabredet, bringt Alexej noch unser Telefon, Laptop, Video-Kamera, Drucker etc. in seine Wohnung. Nur zur Sicherheit...

Das Womo bringen wir zum Parkplatz und die beiden bekommen den Schlüssel. Jetzt geht's zum Bahnhof. Sie warten, bis der Zug kommt, damit wir nicht falsch einsteigen.

Uns fröstelt, es ist ungemütlich und kalt und wir sind eigentlich viel zu müde, um einen Ausflug zu

Am Bahnhof von Irkutsk... *... Abschied für zwei Tage*

machen. In Ulan-Ude wollen wir uns erst mal dicke Pullover kaufen. Aber wir haben es so gewollt!

Wir versuchen, die sieben Stunden Zugfahrt herumzubekommen mit essen (gut, dass Marina gesagt hat, wir sollen was mitnehmen), schlafen, rumlaufen. In der Reihenfolge.

Pünktlich um 14:10 h sind wir am Ziel und Larissa rennt auf uns zu, obwohl wir uns nie zuvor gesehen haben. Aber sie ist Profi und erkennt deutsche Touristen wohl am Geruch durch geschlossene Zugtüren.

Das Taxi wartet vor dem Bahnhof und zuerst geht's mal ins Hotel. Ein großes Ding mit über 200 Betten. Das kann nur gut sein (denkt man beim ersten Anblick). Wir tauschen das Zimmer mit Fenster nach vorn gegen eins mit Fenster nach hinten raus. Auf die Idee, nach einem besseren Zimmer zu fragen kommen wir im Schockzustand nicht... Na ja, wenigstens sind die Betten sauber.

Hotel Burjata

Das Taxi wartet und es geht ab zum Kloster Dazan. Es ist das größte buddhistische Kloster Russlands und Larissa kann uns sehr viel erzählen. Sowohl über die Anlage als auch über den Glauben. Sie macht ihre Sache sehr gut! Und wir haben das Glück, dass sie uns allein „gehört". Sie ist eine Kollegin von Marina, die sie uns vermittelt hat.

Nach ausgiebiger Besichtigung wollen wir nun was essen und nach Möglichkeit „burjatisch". So fahren wir in ein kleines, verstecktes Lokal mit fünf Tischen. Larissa bestellt uns alles Mögliche. Es ist gewöhnungsbedürftig, aber wir werden satt und sind wieder um eine Erfahrung reicher.

Am Nebentisch sitzen fünf Personen und schalten sich ins Gespräch ein. Kurz darauf sitzen drei davon mit einer Flasche Wodka „bewaff-

Haupttempel und Gedenkstätte im Kloster Dazan.

Unsere Gastgeber

net" bei uns am Tisch. Kampftrinken ist nun angesagt und Larissa muss ständig übersetzen und sich dazu noch den zudringlichen Typen vom Hals halten. Sie macht ihre Sache wieder perfekt. Die Leute würden uns am liebsten für die nächsten 14 Tage zu sich einladen und uns ihr Land und die Mongolei gleich dazu präsentieren. Auf jeden Fall sollen wir wiederkommen!

Als es nun ans Bezahlen geht, bestehen sie darauf unsere komplette Rechnung zu bezahlen. Wir seien schließlich ihre Gäste... Unvorstellbar!

Juri, unser Fahrer, wartet bereits 45 Minuten und liefert uns dann wohlbehalten um 20:30 h am Hotel ab. Um 21:00 h liegen wir restlos kaputt, aber zufrieden in den Betten.

km 8.423 / 55.606 = gefahren 0 km

Sonntag, 21. August 2005

```
km 8.423 / 55.606 + 7 Stunden
```

Erst mal Frühstück. Wir haben ja Gutscheine dafür gekauft... So schrecklich wie das Zimmer sind auch das Frühstück und der Frühstücksraum. Blinis aus der Mikrowelle, Spiegeleier aus der Mikrowelle, Teegläser ohne Henkel gefüllt bis zum Rand = Brandblasen an den Fingern. Egal. Wir wollten ja mal ein russisches Hotel erleben. Gut, dass wir das „Sheraton" nicht gefunden haben. Wir wären um eine Erfahrung ärmer!

Beim Frühstück ist alles aus Plastik...

Um 10:00 h kommt Larissa und wir gehen ins Zentrum. Einmal die Leninstraße rauf und runter, einige Erklärungen und dann Kaffee trinken. Dabei haben wir noch eine

... und vor Schäbigkeit schon fast schön

nette Unterhaltung mit Schwerpunkt der Unterschiede zwischen deutscher und russischer Verhaltensweise.

Beispiel: Man kann sich in Russland nicht schlimmer daneben benehmen, als sich in der Öffentlichkeit beziehungsweise in der Anwesenheit anderer die Nase zu putzen. Das ist gleich dem, als würde man in aller Öffentlichkeit sein Geschäft verrichten. Zum Glück hatte ich das schon im Reiseführer gelesen. Nun wird es zum Thema. Larissa kann noch einiges dazu beitragen, da auch dies Teil ihres Studiums war. Nebenbei erfahren wir, dass sie im Bereich Ethnologie promoviert hat...

Wir gehen zurück und Punkt 13:55 h steht Juri vorm Hotel. Wir fahren zum Bahnhof und Larissa bringt uns noch zum richtigen Bahnsteig.

Diesmal haben wir Plätze gegen die Fahrtrichtung. Ist aber nicht schlimm, der Zug ist ja nicht voll. So suchen wir uns neue Plätze. Gleichzeitig machen wir die Bekanntschaft einer sehr netten älteren Dame, die uns auf Deutsch anspricht. Es stellt sich heraus, dass

Ingo mit „Zugbegleitung"

sie an der Hochschule in Irkutsk Deutsch unterrichtet hat. Sie ist Professorin. Es wird eine nette Unterhaltung.

Als wir Richtung Baikal kommen, wird der Zug gerammelt voll. Die heimreisenden Wochenendurlauber steigen zu...

Irgendwann mach' ich mir Gedanken, was sein würde, wenn unsere neuen Freunde Nadja und Aleksej nicht am Bahnhof sein würden?!

Wir haben weder einen Autoschlüssel noch unsere wertvolle Technik. Wir kämen also zur Polizei, die uns fragt: „Wo bitte steht denn ihr Auto?" „Wissen wir nicht." „Wie heißen die Leute?" „Wissen wir nicht." „Wo wohnen sie denn?" „Wissen wir nicht..." „Wenigstens eine Telefonnummer?" „Nein..."

So viel blindes Vertrauen, das mehr ist als Dummheit, gehört eigentlich bestraft. Vielleicht haben wir allein durch diese Überlegungen gelernt?! Von diesem Augenblick an wird die Zugfahrt gefühlsmäßig jedenfalls mit jedem Kilometer länger, obwohl wir unserem Ziel eigentlich doch näher kommen. Aber wenigstens diese Strafe muss sein!

Unmittelbar nachdem der Zug in den Irkutsker Bahnhof eingefahren ist, steht Aleksej schon in unserem Wagon und hilft uns beim Gepäck. Alles ist gut!

Wir fahren, wie abgesprochen, in eines seiner Restaurants. Es ist sehr schick und wir bekommen ein tolles Abendessen – um 23:00 h! Da sonntags nicht geöffnet ist, hat Aleksej den Koch kommen lassen, eine Buffetkraft und zwei Leute zum Bedienen. Wir sind überwältigt.

Sie haben uns wunderschöne Geschenke mitgebracht: einen besonderen Bildband über Irkutsk und den Baikalsee, Öl, Kerne aus den Zapfen, eine Creme, Tee und eine Teedose.

Im Restaurant von Nadja und Alexej

Unser Auto bekommt wieder einen bewachten Parkplatz auf einem Firmengelände gleich neben dem Restaurant. Wir verbringen noch zwei sehr schöne Stunden miteinander, bevor wir dann ins Bett fallen.

km 8.432 / 55.615 = gefahren 9 km

Nadja vor der Kapelle des Museumsdorfs

Montag, 22. August 2005

km 8.432 / 55.615 + 7 Stunden

Der Traum vom Ausschlafen war schon gestorben, als es hieß, dass wir bitte um 8:30 h das Gelände räumen sollen. Wir waren schon um 7:45 h auf der Straße. Nadja ist um 9:15 h bei uns und kurz darauf starten wir Richtung Listwjanka.

Auf dem Weg liegt ein Freilichtmuseum, das wir besucht haben. Dort hat man ein sibirisches Dorf und ein burjatisches Dorf rekonstruiert.

Beim Verlassen der Anlage steht ein großer Teil einer deutschen Reisegruppe um unser Auto und alle sind mehr als erstaunt, dass man eine solche Tour allein machen kann. Eigentlich haben sie viele Fragen an uns, doch auf den Pfiff des Reiseleiters klettern sie in ihren Bus. Wir sind wieder froh, dass wir diese Form des Reisens gewählt haben. Nadja pfeift nicht und weder Marina noch Larissa haben gepfiffen...

Er kann auch nix alleine...

Wir fahren weiter nach Listwjanka, kaufen uns zu Mittag Omul, halten die Füße in den Baikal und gehen noch spazieren, bis wir uns zu einer einstündigen Schifffahrt entschließen.

Danach geht's zurück nach Irkutsk zum Parkplatz, wo die anderen schon seit Sonntag stehen. Die dachten wohl, wir hätten Sehnsucht?! Mitnichten!!! Im Gegenteil:

Schifffahrt auf dem Baikal

Wir laden Nadja und Alexej zum Essen ein in ein Restaurant ihrer Wahl und Werner macht uns den tollen Vorschlag, am kommenden Morgen um

Teure Henkersmahlzeit

6:00 h loszufahren, da die Straßen dann so schön frei sind. „Werner, du hättest uns keine größere Freude machen können..."

Wir staunen nicht schlecht, als die beiden mit uns zu einem Japaner fahren. Das Einzige ist, dass wir nun nicht von Russen erzählen können, die in dunklen Gewölben auf den Tischen getanzt haben.

Sonst war's wunderschön und auch für uns mal ganz was Neues. Als weitere neue Erfahrung kam hinzu, dass man auch im fernen Sibirien mal eben 250 Dollar für ein Essen zu viert ausgeben kann. Aber das Essen und die beiden waren es wert!

Der Heimweg zu Fuß ist ebenfalls ein Erlebnis für sich. Nadja und ich laufen zusammen, unterhalten uns – mehr schlecht als recht –, sehen uns die Schaufenster an und spüren die Melancholie aufgrund des Wissens, dass wir uns bald verabschieden müssen. Gleichzeitig amüsieren wir uns köstlich über unsere Männer, die sich bestens verstehen (und verständigen) ohne, dass der eine die Sprache des anderen spricht.

Es kommt noch von Aleksej der Vorschlag, beim „Schwejk" ein Bier zu trinken. Vielleicht ist es auch ein Versuch, den Abschied noch ein bisschen hinauszuzögern?!

km 8.581 / 55.763 = gefahren 149 km

Ingo und Schwejk

Dienstag, 23. August 2005

km 8.581 / 55.763 + 7 Stunden

Nett, so um 5:30 h aufzustehen, wenn man in den letzten Tagen eh zu wenig Schlaf abbekommen hat. Aber – wir machen das ja alles freiwillig...

So fahren wir den ganzen Tag nach Westen und versuchen, uns daran zu freuen, dass der Abstand von zu Hause nun mit jedem Kilometer geringer wird. Aber, ehrlich gesagt, so richtig will das mit dem Freuen nicht klappen. So fahren wir den andern immer wieder davon und freuen uns wenigstens daran ein bisschen.

Gegen 16:30 h finden wir einen Stellplatz im Dorf, wo man uns zum Glück völlig in Ruhe lässt. Ein bisschen nah an der Bahnlinie. Aber das nehmen wir in Kauf, man wird schließlich genügsam.

Jetzt ist es 21:30 h und seit 17:00 h tipp' ich hier vor mich hin. Erst Emails, dann Hausaufgaben von fünf recht ereignisreichen Tagen. Es reicht! Gute Nacht!

km 8.966 / 56.148 = gefahren 385 km

Mittwoch, 24. August 2005

> km 8.966 / 56.148 + 7 / 6 Stunden

Heute ist nichts Besonderes passiert. Wir fahren den ganzen Tag und halten dann, wie üblich, in einem kleinen Dorf zum Schlafen. Die Kinder kommen wieder zu Besuch und etliche davon bekommen Geschenke von uns. Auch als wir am Abend noch einen Spaziergang machen. Später steht ein ganz süßes kleines Mädchen bei uns vorm Auto mit zwei Tüten voller Zwiebeln, Gurken, Möhren und Tomaten. Sie sagt etwas, von dem wir nur „Mama" verstehen. Sie bekommt noch einen Malkasten und Block dazu von uns und verschwindet mit dem Jungen, wohl ihrem Bruder, auf dem Fahrrad.

Ein Bahnhofsgebäude der Transsib

Als ich abends den Kühlschrank aufmache, muss ich feststellen: die Gemüseschale steht voller „Brühe". Was ist das??? (Schnüffel, schnüffel) Bier! Wo kommt das denn her? Beim Suchen finde ich auf dem Gitter eine liegende Bierdose, die höchstens noch halb voll ist. Wir stellen fest, dass sie durchgescheuert ist... So viel zu sibirischen Straßen!

Und: Wir bekommen die erste „gestohlene" Stunde wieder zurück! Das heißt auch: eine Stunde länger schlafen. Da ich hundekaputt bin und etwas „unsortiert", kommt mir das sehr gelegen.

> km 9.201 / 56.383 = gefahren 235 km

Donnerstag, 25. August 2005

km 9.201 / 56.383 + 6 Stunden

Heute sind wir ebenfalls wieder nur gefahren – um große und kleine Löcher, tiefe und weniger tiefe. Es sind nun immer wieder Streckabschnitte dabei, die wir vom Hinweg wieder erkennen. Ach guck mal da und sieh mal hier...

Und wir fragen uns, ob es besser ist, ins Ungewisse zu fahren, oder eine Strecke, von der man weiß, was einen erwartet.

Gegen 15:30 h wollen wir dann Schluss machen. Da wir vorausfahren, lässt Ingo mich auf der Straße stehen (sehr nett!!!) und fährt, entsprechend dem Wegweiser, in ein zwei Kilometer entferntes Dorf. In Sichtweite der ersten Häuser findet er einen Friedhof und davor eine riesige, wunderschöne Wiese.

An der Straße warte ich dann auf die anderen und fahre mit Edith und Werner hinter ihm her. Es ist ein wunderschöner Platz,

Werner hoch zu Ross

an dem wir noch den morgigen Tag verbringen wollen. Später kommen zwei Polizisten, davon einer mit seiner Familie, zu uns zu Besuch. Ingo und Werner kümmern sich um sie und einer von ihnen überredet die beiden, mit ihm zu fahren, um an einer anderen Stelle noch eine Videoaufnahme zu machen.

Unsere beiden Männer, von denen einer (Ingo) am Montag von Alexej noch zum „Helden" gekürt wurde, kommt kreidebleich und zitternd zurück... Der Russe hatte ihnen gezeigt, wie man in seinem Land Auto fährt! Bisher haben wir dies alles nur durch unsere Womo-Fenster gesehen und auf relativ befahrenen Straßen. Nun sitzen die beiden leibhaftig in seinem Auto und er fährt mit ihnen durch die Pampa. Es muss ein unvergessliches und prägendes Erlebnis sein.

Ich denke, es ist gut, dass ich nicht mit war. Ab und zu weiß ich schon, wo ich meine Nase lieber rauszuhalten habe.

Diese werd ich dafür lieber in meinen Laptop stecken und eine Email nach Hause schicken, wenn Ingo wieder in der Lage ist, den Spiegel aufzubauen...

....

Hallo an alle daheim und unterwegs!

Wir bekommen immer wieder Mails: „Wir fahren bald in Urlaub!"
Wie schön für euch! Wenn wir wieder zurück sind, werden wir
auch mal in Urlaub fahren...
Wer noch Reisetipps benötigt: bitte melden. Wir können Vorschläge machen, wo es schön, interessant und warm ist!
Den „Zenith" unserer Reise haben wir erreicht und am Dienstag
die Richtung gewechselt. Nun kommt die Sonne durch die anderen Seitenfenster; gut, dass die Einrichtung nun gleichmäßig
verschießt.
Das Befahren derselben Strecke bedeutet, dass wir uns täglich
fragen, ob es nun angenehmer ist, zu wissen, was einen auf der
Strecke erwartet, oder ob man – wie auf dem Hinweg – besser ins
Ungewisse fährt. An der Antwort überlegen wir noch.
Jetzt müssen wir all das abarbeiten, was wir uns für die Rücktour vorgenommen haben. Es ist fast schon zum geflügelten Wort
geworden, bei jeder Gelegenheit zu sagen: „Das machen wir /
gucken wir auf dem Rückweg an."

Das liegt aber auch daran, dass die mehr als 8.500 km, die nun nochmals vor uns liegen, möglichst erträglich gestaltet werden müssen mit entsprechenden Ruhepausen und Abwechslungen.
Solch eine Ruhepause ist für morgen vorgesehen. Wir stehen nun auf einer schönen Wiese neben einem Friedhof. In Sichtweite liegt das Dorf, die „Magistrale" (eine der Hauptverbindungs-Straßen von Moskau zu den großen Städten) ist gut 2 km weg. Es ist hier eine himmlische Ruhe und das Wetter sehr schön. Wir haben nun 18:15 h und 28°.
Russische Friedhöfe sind sehr interessant, da auf jedem Grab ein Tisch steht mit Bänken. Die Familien kommen bei Feierlichkeiten her, haben alles Mögliche zu essen und zu trinken dabei und feiern dann „gemeinsam" mit den verstorbenen Angehörigen auf den Gräbern.
Für uns klingt das etwas befremdlich. Aber wie heißt es so schön: andere Länder, andere Sitten! Über solche Unterschiede in den Bräuchen oder Verhaltensweisen könnte ich stundenlang schreiben. Vielleicht bei der nächsten Mail mal eine andere Geschichte.
Viel Aufregendes ist sonst nicht passiert. Außergewöhnlich ist nur die schlechte Qualität der Bierbüchsen: Gestern mach ich unseren Kühlschrank auf und wunder mich über die „Brühe", die darin steht: Bier! Wo kommt das denn her??? Ich hab die Dosen untersucht und eine gefunden, die nicht mehr voll war. Und – durchgescheuert!!!
NEIN! Nicht Grimms Märchen! Es stimmt!!!
Ich denke, es ist das beste Beispiel für eine Beschreibung russischer Straßen.

So, nun wisst ihr, dass es uns nach wie vor gut geht.

In diesem Sinne grüßen euch ganz herzlich die Auf-dem-Rückweg-Sibirjaken!

km 9.392 / 56.574 = gefahren 191 km

Freitag, 26. August 2005

| km 9.392 / 56.574 + 6 Stunden |

Beim Aufwachen um 9:10 h!!! steht Edith bereits klopfend vor der Tür und überreicht uns einen Teller mit frischen Eierkuchen. Das nennt man Service!

Nach ausgedehntem Frühstück ist dann wieder Waschen angesagt. Und Innenreinigung vom Womo. Ich frage mich inzwischen auch nicht mehr, wo der Dreck herkommt – ich weiß es: beim Fahren durch alle Ritzen. Und weil's so spaßig ist, darf ich heute im Auto mal einen Putzeimer umwerfen. Letzthin war Ingo dran und hat einen Eimer voll mit eingesetzter Wäsche umgetreten... So sorgt jeder Mal für Abwechslung und Stimmung.

Gegen Mittag kommt der „Ober-Schupo" von gestern Abend und will wissen, ob alles in Ordnung ist und war. Das bestätigen wir gern und Werner erkundigt sich, ob er eine Möglichkeit wisse, wo wir die Autos waschen können. Er setzt sich in sein Auto und verspricht, kurzfristig wiederzukommen. Und tatsächlich: Um 15:00 h holt er uns wie versprochen ab und fährt mit uns quer durch das Dorf zu seinem Kollegen.

Neben der Autowäsche gibt's für die Männer gleich noch einen Banja-Besuch dazu. – Ob die Russen meinten, die hätten's auch nötig???

Jetzt ist es 21:20 h und pausenlos kreisen Mopeds um unsere Autos. Verständlich, aber nicht gerade angenehm. Hoffentlich wird die Nacht ruhig.

> km 9.392 / 56.574 = gefahren 0 km

Samstag, 27. August 2005

> km 9.392 / 56.574 + 6 Stunden

Gestern Abend haben wir tatsächlich zum ersten Mal ruck zuck unseren Stellplatz verlassen, weil die Situation „mulmig" wurde.

Gegen 23:00 h kamen fünf Jugendliche laut grölend zu unseren Autos. Werner hat ihnen unmissverständlich erklärt, dass wir Ruhe wünschen und schlafen wollen. Sie zogen ab, aber wir kurze Zeit später auch.

Wir haben dann einen Platz an einem Weg gefunden, der wohl zu einem See führt. Das schlossen wir aus einigen Anglern, die am frühen Morgen dort längs gingen.

Kaffeepause

Wir machen uns dann gegen 8:00 h schon mal auf den Weg und um 10:30 h zur Kaffeepause werden wir uns wieder sammeln.

Die Fahrt verläuft gut und unser Ziel ist „ALDI" in Krasnojarsk.

Am Ortseingang fragt Werner einen Polizisten nach dem Weg und dieser begleitet uns dort hin.

Und wir müssen feststellen, dass es im Ort mindestens zwei Filialen gibt, denn auf der Hinfahrt war es ein anderer Laden. Macht aber nix,

Unsere Lotsen

es gibt das gleiche Angebot und wir bunkern nochmals Wodka und einiges andere als Mitbringsel.

Gegen 17:00 h verlassen wir den riesigen Kaufladen beziehungsweise dessen Parkplatz und fahren noch quer durch die Stadt. Am Dorfrand stehen wir nun hinter einer Datscha und werden sehr nett empfangen. Die kleine fünfjährige Tochter bekommt zuerst ein paar Geschenke und dann geben wir für die Eltern beziehungsweise Großeltern noch ein paar Sachen ab.

Nun ist unser Vorrat an Gurken und Tomaten bis zum Maximum aufgefüllt....

Vor der Datscha...

... mit unseren Gastgebern und ihrem Federvieh

Der Vater der Kleinen fährt los, um eine „Deutsche" zu holen. Es kommt eine junge Frau (21), die seit 11 Jahren bei Amberg lebt und in ihrem Heimatdorf zurzeit zu Besuch ist. Es ist interessant, sich mit ihr zu unterhalten. Es wäre falsch zu behaupten, dass sie akzentfrei deutsch spricht – sie spricht harten bayerischen Dialekt. Weiter auch fließend englisch, hat Abitur und studiert an der FOS Wirtschaftswissenschaften.

km 9.716 / 56.898 = gefahren 324 km

Sonntag, 28. August 2005

km 9.716 / 56.899 + 6 Stunden

Das Landhaus

Wir haben uns entschlossen, schon mal vorauszufahren, da wir ca. 150 km vor dem Dorf Beresowka sind, in dem die Wolga-Deutschen leben. Dort wollen wir auf jeden Fall hin.

Werner und die anderen haben die Einladung angenommen, sich die chinesischen Gewächshäuser

Airport Krasnojarsk national...

... und international

anzusehen. So ist es für ihn auch einfacher, wenn er nicht für so viele Leute übersetzen muss, da wir was anderes vorhaben.

Unterwegs sehen wir die Wegweiser zum „Flughafen Krasnojarsk" und legen noch einen Abstecher ein.

Zuerst sind wir im nationalen Terminal und sehen uns dort um. Auch hier gibt's wieder riesige Unterschiede zwischen dem, was wir kennen und hier sehen.

Dann fahren wir gespannt weiter zum internationalen Bereich. Dieser ist zwar etwas chicer, aber noch wesentlich kleiner. Das liegt wohl daran, dass die meisten Auslandsflüge von Moskau aus gehen. Da bleibt für Krasnojarsk nicht viel. Interessant war auch, dass die Straße vom Flughafen aus in die Stadt vierspurig ist und sehr gut ausgebaut. Wenn besonderer Besuch kommt, fährt dieser eh nur diese Richtung. Und direkt ab Flughafen in die andere Richtung, also nach Westen, beginnt wieder die Holperpiste...

Gegen 12:15 h sind wir dann im Dorf „Beresowka" und es gibt eine große Wiedersehensfreude. Dass wir mit zu Mittag essen sollen, ist selbstverständlich. Es gibt frische Hühner-Nudelsuppe, Kotletky (Frikadellen), mit Kohl gefüllte Plinsen, Hühnerteile, Tee oder Kaffee und Gebäck. Zu unserer Begrüßung wird eine Flasche Wein geöffnet und diesen gibt's aus Schnapsgläsern. Sie wissen nicht, was es ist. Und für uns ist's

Ortseingang Beresowka

eine neue Erfahrung. Lydia und Karl gehen dann mit der Familie wieder Kartoffeln ausmachen und wir machen Mittagsschläfchen. Gegen 17:00 h steht Lydia im feinsten Zwirn vor uns und wir fahren gemeinsam zu ihrer Schwester Anna.

Wir verbringen gemeinsam einen sehr netten Abend und um 22:30 h gibt's noch Abendessen: Kartoffelsuppe mit Huhn, Salzgurken, Wurst, harte Eier, Kohlsalat. Alles sehr lecker und genau unsere Zeit.

Wir sind dann ins Bett gegangen und unser Auto steht mittlerweile bei Anna im Hof. Der Hof ist so groß, dass man mit Mühe gerade noch ums Auto herumgehen kann. Und das Ding steht so schief, dass Ingo Sorge hat, aus dem Bett zu fallen. Schlafen müssen wir ohnehin zur falschen Seite. Aber es geht!

km 9.878 / 57.061 = gefahren 162 km

Montag, 29. August 2005

km 9.878 / 57061 + 6 Stunden

Um 8:30 h verabschieden wir uns und Andre (dt.: Heinrich), Annas Bruder, fährt mit seiner Frau bis Atschinsk mit uns, da sie dort wohnen. So kommen wir gut durch und zurück auf die M 53.

Zum Abschied bekommen wir von Anna noch einen „kleinen" Sack Kartoffeln, Himbeermus, Mus von schwarzen Johannisbeeren und ein Glas Salzgurken.

Wer soll das bloß alles essen??? Gegen 10:15 h wird dann erst mal gefrühstückt.

Schade, dass es den ganzen Tag vor sich hinregnet. Aber nicht zu ändern. Gegen 13:45 h erreichen wir den Ortseingang von Mariinsk und „simsen" Werner, wo wir auf sie warten werden. Mal sehen, ob wir noch zu André fahren, oder was der Tag sonst noch bringt.

Werner kann André nicht erreichen und so fahren wir weiter und finden wieder eine Dorfeinfahrt, die uns von der Hauptstraße aus sehr gut befahrbar vorkommt. Bis wir uns mit einem Hieb in glitschiger Matsche festfahren. Ging ganz schnell...

Nun bleiben wir erst mal bis morgen stehen und verlassen das Auto keinen Meter mehr! – Guter Vorsatz, aber nicht realisierbar.

Ingo tappt durch unsere „Räumlichkeiten" wie ein Tiger durch seinen Käfig. Als er Werner draußen erspäht, ist der Matsch vergessen. Die Schlappen sind innerhalb von Null-Komma-Nix doppelt so dick vor Dreck, aber Ingo ist an der Luft. Egal – mit Hilfe unseres Essbestecks kann man so manches bewerkstelligen: Man kann damit sowohl Bäume ausgraben als auch dicken Schlamm von Schlappen abkratzen.

Und spülen tun wir eh hinterher.

km 10.110 / 57.293 = gefahren 232 km

Dienstag, 30. August 2005

km 10.110 / 57.293 + 6 Stunden

Nach dem morgendlichen „Aus-der-Matsche-Ziehen" mit Werners Hilfe fahren wir dann wieder unseres Weges gen Westen. Wegen der Möbel versteht sich, damit die gleichmäßig verschießen. Die Sonne kommt nun permanent von der anderen Seite als auf dem Hinweg...

Die Temperaturen sind inzwischen mächtig gefallen und gut erträglich. Oft kann man ein Jäckchen gebrauchen. Aber besser als die schier unerträgliche Hitze auf der Hinfahrt.

Auf der Kreuzung...

Bei einer Ortsdurchfahrt, an einer größeren Kreuzung, an der wir halten müssen, fährt mitten durch den dicksten Verkehr ein Mann im Rollstuhl und bettelt bei den haltenden Autos...

Gegen Nachmittag stellen wir fest, dass wir gar nicht mehr weit von „Ojasch" entfernt sind, dem Dorf, wo Galina wohnt, die „Schnapsdrossel", die den „Samagon / Selbstgebrannten" herstellt. Klar, dass wir dort hinfahren!

Sie freut sich sehr, dass wir wiederkommen, doch gerechnet hat sie damit scheinbar nicht. Sie hat keinen Schnaps für uns... Das bestätigt die Aussagen in den Reiseführern, dass die Russen alles Mögliche versprechen, aber nichts halten. Vor allem keine „losen" Verabredungen.

Doch eine Einladung in die Sauna nehmen wir gern an. Und heute ist „Mädchen-Sauna"! Für Edith und mich ganz allein! Mit gegenseitig Haare waschen über einer Schüssel und gegenseitig mit Birkenreisig verhauen. Es war sehr schön, entspannend und ich muss feststellen: Man wird mit den Wochen in Sibirien sehr genügsam.

Zum Abendessen gibt's geschmortes Gemüse mit Reis, damit wir mal etwas von unseren geschenkten Vorräten verbrauchen. Es sind Mengen, die wir in Velbert nie auf einmal im Haus hätten, es sei denn, wir bekämen über längere Zeit Besuch von Vegetariern.

Gegen Abend hocken Werner und Ingo zusammen, als der Vorschlag kommt, dass Kolodziejs noch ins Altai-Gebirge möchten. Einerseits verständlich, da wir wohl sobald nicht mehr in die Gegend kommen, andererseits haben wir zur Zeit mehr als genug neue Eindrücke gewonnen, die erst mal verarbeitet werden wollen. Da haben wir alle was zum Nachdenken.

Fast hätte ich's vergessen: Nun sieht man unserem Auto langsam an, was es geleistet hat: Es hat erste Blässuren. Die Rückfahrscheinwerfer hatten wir uns schon vor längerer Zeit abgefahren. Gleichzeitig musste auch die vordere Stoßstange dran glauben... Weiterhin ist eine Macke in der großen Frontscheibe und die hintere Stoßstange hat ebenfalls einen Schaden.

Aber den hat wohl jeder, wenn er erst einmal in Sibirien war. Oder muss man den schon haben, bevor man eine solche Reise anfängt...???

> km 10.429 / 57.612 = gefahren 319 km

Mittwoch, 31. August 2005

> km 10.429 / 57.612 + 6 Stunden

Nach langem Nachdenken sind Ingo und ich uns einig, dass wir nicht ins Altai-Gebirge fahren wollen.

Daher mit Wehmut, aufgrund des Wissens, dass wir uns bald trennen werden, verlassen wir um 8:30 h den Platz vor Galinas Haus und tanken ein letztes Mal gemeinsam Wasser.

Dann fahren wir weiter im Konvoi bis Novosibirsk.

Werner geht noch mit Ingo einkaufen, damit wir für die Weiterfahrt und den Notfall einen Spaten haben und eine Gießkanne, falls es keine andere Möglichkeit gibt, Wasser aufzufüllen. Werner ermöglicht es uns auch noch mal, unser Auto voll zu tanken. Das ist hier in Russland was

Schaschlik... ... zum Aufwärmen!

Besonderes, da man sonst zuvor an der Kasse eine bestimmte Literzahl bestellen muss, die auch zuvor bezahlt wird. Aber hier, wie schon gesagt, können wir mit einer Circa-Angabe dessen, was wir schätzen, den Tank vollmachen. Aber – sie wollen zuvor „das Geld sehen".

Anschließend essen die Männer noch ein Schaschlik und wir trinken Kaffee.

Dann machen wir uns auf den Weg, bis sich die M 51 Richtung Omsk und die M 53 Richtung Altai-Gebirge trennen...

Die Zwei von der Wassertankstelle

Um 11:30 h bei Kilometerstand 57.693 ist es so weit (heul, heul, heul). Ganz schweren Herzens, aber so gewollt und von der Richtigkeit unserer Entscheidung überzeugt, fahren Ingo und ich dann allein weiter.

Von Irkutsk nach Novosibirsk sind es ca. 1.890 km (laut Angabe an der Straße). Am frühen Nachmittag erreichen wir eine Stelle in der Nähe eines Flusses, an der wir auf dem Hinweg schon übernachtet hatten. Dort ist ein Parkplatz mit Restaurant und wir halten, um etwas zu essen.

Die Mädels an der Theke „gackern" nur vor sich hin, als Ingo bestellen will. Ein Herr beobachtet die Situation, steht auf, geht zu Ingo und

In der Not versuchen wir alles!

sagt: „Guten Tag, kann ich helfen?" Er bestellt uns dann etwas zu essen und erzählt, dass er fünf Jahre bei der Armee in Deutschland war.

Nach dem Essen (2 x Soljanka, 2 x Gulasch mit Reis, 2 x Tee für 170 Rubel = 4,85 Euro) machen wir uns wieder auf unseren Weg.

Gegen Abend wird's pechschwarz, es gibt Gewitter und regnet fürchterlich. Wir beschließen an einer Tankstelle mit Motel und Werkstatt zu übernachten und verkriechen uns hinter den Gebäuden. Hoffentlich bekommen wir Ruhe.

Leider müssen wir auch feststellen, dass das Sat-Telefon wieder bockt. Der Akku ist leer (zeigt er zumindest an) und lässt sich nicht wieder aufladen. Wir versuchen alles Mögliche, um den Akku zu entladen. So wird letztendlich ein „Tic-Tac" auf der An-Aus-Taste festgeklebt.

Jetzt fehlt uns Werner mit seiner Super-Konstruktion, die das Teil schon einmal ins Leben zurückgeführt hat. Aber der ist auf dem Weg ins Altai...

Eigentlich kein Grund, sich aufzuregen. Das Mobil-Telefon tut's ja schließlich. Doch schade ist's schon.

km 10.833 / 58.016 = gefahren 404 km

Donnerstag, 1. September 2005

| km 10.833 / 58.016 + 6 / 5 Stunden |

Heute werden wir bestimmt Tagessieger!!! Wir sind 610 km gefahren!

Vorsorglich haben wir gestern vor dem Schlafengehen schon mal die Uhren umgestellt, da die nächste Zeitzone wohl recht kurz sein wird. So können wir uns dann besser darauf einstellen.

Zunächst lassen wir bei der Werkstatt, hinter der wir übernachtet haben, nochmals den Reifendruck vorn rechts kontrollieren. Es fehlt wieder etwas Luft. Kein gutes Gefühl. Aber bei den Straßen kann das bestimmt schon mal vorkommen?!

Also fahren wir immer weiter bis hinter Omsk, wo wir gegen 14:00 h zu Mittag essen: 2 x Borschtsch, 2 x Frikadelle mit Kartoffelpüree, 2 x Brot und 2 x Tee für 114 Rubel = ca. 3,26 Euro).

An der Tür spricht uns ein junger Mann mit riesigem Rucksack an, ob wir ihn und seinen Freund wohl mitnehmen könnten. Das machen wir dann – obwohl wir eigentlich niemanden mitnehmen wollten – und so haben wir etwas Abwechslung und ich kann meine Englischkenntnisse wieder mal rauskramen.

Zwischendurch muss ich einmal etwas anderes erzählen: und zwar von den unglaublich vielen Unfällen, die auf den Straßen passieren.

Überall entlang der Magistrale sind die aufwändigsten Grabmale zu sehen. Die Gedenkstätten für die verstorbenen Familienmitglieder strotzen nur so von Prunk und Marmor. Teilweise gibt es richtige Pavillons, fast schon kleine Kapellen.

Das verwundert uns nicht!

Und immer sind Fotos, teils eingraviert oder aus Porzellan, von den Verstorbenen angebracht. Der gleiche Pomp findet sich dann noch ein

Prunkvolle Trauer am Straßenrand

zweites Mal auf dem Friedhof, wo die Verunfallten begraben liegen.

Jetzt kann ich in Deutschland auch den Onkel von der Akku-Firma erreichen. Er erklärt mir, dass ich nur eine Chance habe, das Telefon zu laden, wenn ich ein 12-V-Kabel habe. Hab ich nicht. Oder doch??? Ich hab doch bei „real" ein Universal-Ladegerät gekauft. Eigentlich fürs Laptop, aber dafür nicht gebraucht.

Und: Es funktioniert!!! Und wenn du denkst, es geht nicht mehr, kommt irgendwo ein grünes Ladelämpchen her!!! Nä, wat kann man sich über solche Kleinigkeiten freuen!

Nun muss noch schnell das Telefon aufgebaut werden. Horst hat schon eine gelbe Karte gesimst: „Bitte E-Mails lesen! Horst".

Nach einigen Versuchen klappt's dann auch mit dem Satelliten und die Emails von zu Hause werden empfangen. Leider muss das Telefon noch mal eingepackt werden und lässt sich anschließend nicht für Geld und Kuchen dazu bringen, die Verbindung zum Satelliten wieder herzustellen. Um 22:00 h sind wir's leid und packen ein. Dann muss das Mailen halt bis morgen warten. Müde und geschafft gehen wir ohne ein Spielchen „20 abwärts" schlafen.

> km 11.443 / 58.626 = gefahren 610 km

Freitag, 2. September 2005

km 11.443 / 58.626 + 5 Stunden

Boah ey, war dat eine Nacht... In Russland machen alle Hunde Nachtschicht. Am Tag hört man nirgendwo was kläffen, dann schlafen die nämlich alle. Aber wehe, wenn's dunkel wird! Dann sind die alle sehr helle und unterhalten sich quer über die Dörfer – und unser Auto immer mitten drin.

Gegen 7:00 h klettern wir aus den Betten und duschen erst mal, weil wir hier wieder den Tank voll Wasser machen können.

Nach dem Frühstück stellt Ingo fest, dass der Reifen wieder nicht gut aussieht und spricht alle möglichen Leute an. Der Chef vom Parkplatz bittet uns zu warten und macht sich mit einem Mitarbeiter auf den Weg. Bei seiner Rückkehr macht er uns begreiflich, dass wir hinter ihm herfahren sollen. Er hatte zwischenzeitlich schon in einer Werkstatt geklärt, dass man uns helfen soll und dorthin begleitet er uns nun.

Staunend beobachten wir, wie der Monteur das Rad abschraubt und in eine große, mit Wasser gefüllte Badewanne stellt. Genau, wie wir's vom Fahrrad kennen. Nur alles größer. Und siehe da: Luftbläschen!

Der Reifen wird von der Felge genommen und kontrolliert: Ein kleiner Drahtstift war der Übeltäter. Der kommt raus und der Reifen wird ebenfalls wie ein Fahrradreifen geflickt. Ich denke, dass so schon tausende von Lkw-Reifen in Russland repariert wurden und unserer wird bestimmt auch halten.

Kurz vor Ende der Reparatur kommt Ingo auf die Idee, mich mit einem Herrn, wohl der Freund des Parkplatz-Besitzers, zur Bank zu schicken, da wir noch Rubel brauchen. Der macht das gern und fährt mich mit seinem chicen Toyota ins Zentrum der kleinen Stadt.

Vor der Bank bittet er einen Wachmann, mich zum richtigen Schalter zu bringen. Hätte ich allein nie gefunden, da ich in die erste Etage muss. Dort ist die Kasse. Davor ein Raum von maximal einem Quadratmeter, in dem man als Kunde steht. Schade, dass Frau Zimmerhof die Bank nicht sehen konnte. Es wäre bestimmt ein Erlebnis für sie gewesen, genauso wie für mich das Geldwechseln... Drei Leute sind vor mir dran in dem Kassen-Kabuff. Da sind die ersten 20 Minuten um.

Als ich an der Reihe bin, begreife ich nur, dass ich wohl noch warten soll: „Minutki, Minutki." Ich bleibe wie angewurzelt stehen und einer nach dem anderen zwängt sich nun in der klitzekleinen Bude an mir vorbei. Immer, wenn ich Kontakt zu der Frau aufnehme, kommt wieder dieses: „Minutki, Minutki."

Und wenn irgendwo in der Nähe ein Telefon schellt, verlässt die Frau ihren ebenfalls einen Quadratmeter großen Kassenraum, schließt ihn ab und geht zum Telefon.

Nach etwa einer dreiviertel Stunde kommt der Mann, der mich hergefahren hat. Er will wohl nachsehen, warum ich überhaupt nicht wiederkomme. Danach geht's dann scheinbar weiter. Sie bittet mich wieder in das „Kundencenter" und nimmt zuerst die 50 Euro, packt ein Gerät aus und schiebt den Schein durch. Er wird als echt identifiziert. Das Gerät wird wieder eingepackt. Aber ein anderes kommt nun zum Vorschein. Eines für Dollar. Für meine achtzig einzelnen Dollarnoten. Jeder einzelne wird zur Prüfung durch das Gerät geschoben. Und das ist genauso gewissenhaft wie die Kassenfrau. Mit meiner Gelassenheit ist es auch nicht mehr weit her. Aber was soll's? Wir haben ja Zeit! Wir haben ja schließlich Urlaub!

Als ich dann das Wort „Passpart" höre, wird mir heiß und kalt gleichzeitig: Ich habe keinen Ausweis dabei. In Russland und speziell in einer Bank ein Unding... Doch eh ich mich versehe, legt mein Begleiter seinen Pass vor und dem Himmel sei Dank, dass sie den akzeptiert. Es läuft ein langer Beleg aus einer Kasse und ich bekomme 2.264 Rubel für 80 Dollar. Geht doch!

Aber – bitte – was ist mit den 50 Euro? 50 Euro??? Oh, pardon.

Es beginnt alles wieder von vorn: Neue Zettel schreiben, neu rechnen, neues Geld zählen, bis ich endlich nach einer Stunde und 10 Minuten mit weiteren 1.730 Rubli und völlig entnervt die Bank verlasse. Hallo, Frau Zimmerhof!

Schnell sind wir dann zurück beim Womo, das inzwischen auch fertig ist. Ruck zuck machen wir uns auf den Weg, denn inzwischen ist es 12:30 h und wir wollen noch ein bisschen fahren.

Russische Frittenbude ohne Fritten

Mit gewohntem Mittags-Stopp und inzwischen auch gewohntem russischem Essen – selbst das Bestellen klappt von Mal zu Mal besser – fahren wir noch bis zur Awtostajanka in Zavedoukovsk und klemmen uns in eine Ecke. Das Telefon kommt raus und beim zweiten Anlauf haben wir prima Satelliten-Empfang, sodass die Emails gesendet werden können:

....

Hallo, hier wir mal wieder!

Und wie zu erwarten, immer noch in Sibirien. Große Neuigkeiten gibt's nicht. Aber es kann ja auch nicht ständig irgendetwas Aufregendes passieren. Oder verlieren wir mit der Routine schon den Blick für das Ungewöhnliche???
Mag sein. Zum Beispiel fanden wir zu Beginn unserer Tour überhaupt keine Geschäfte. (Na, gibt's denn hier gar nichts einzukaufen? Aber wir brauchen doch wenigstens hin und wieder ein Brot oder sonst was Frisches...) Mit der Zeit wurden wir damit vertraut, dass man weder eine Coca-Cola Reklame findet noch sonst welche großen Schriften, wie „Lidl", „EDEKA" oder sonst was.
Man gewöhnt sich daran, dass es keine großen Fenster gibt oder irgendwelche Hinweise auf den Verkauf von Dingen. Hier und da steht eine Tür offen, eine ominöse Gardine (als Fliegenschutz) flattert im Wind und dahinter verbirgt sich alles Mögliche. Meistens findet man auch ein Schild mit der Aufschrift „Magazin". Doch um diese Schilder wahrzunehmen, braucht man schon einige Wochen Russland-Erfahrung. Und es

macht auch gewisse Mühe, die kyrillische Schrift umzusetzen. Erstaunlich ist jedoch, was hier inzwischen alles angeboten wird. Je größer die Städte, umso größer das Angebot an ausländischen Waren. Coca-Cola wird überall auch ohne die großen Reklame-Tafeln verkauft.

Ach, es gibt doch etwas Neues: Wir erleben jetzt „Abenteuer pur". Werner und Edith hatten die Idee, noch ins Altai-Gebirge zu fahren. Zimmermanns haben sich nach einigem Zögern entschlossen mitzufahren.

Für uns war das keine Überlegung, da es ein Abstecher von ca. 2.000 km wäre. Uns erschien dafür die Zeit, die bleibt, zu kurz. Da haben wir die Chance wahrgenommen, uns allein weiter auf den Rückweg zu machen.

Ortsschilder lesen können wir inzwischen schon recht gut und das Lebensmittelgeschäft (Produkty-Magazin) finden wir auch ohne langes Suchen.

So fahren wir seit drei Tagen allein und fühlen uns auch recht wohl dabei. Der Abschied war natürlich schrecklich traurig. Aber jeder hat Verständnis für die Überlegung des anderen und so ist es o.k.

Unserem Auto geht es, genau wie uns, gut. Allerdings kann man auch ihm etwas „Russland-Erfahrung" ansehen. Die große Frontscheibe hat eine Steinschlag-Macke, die vordere und hintere Stoßstange haben etwas gelitten (beide haben einen Riss) und einen kleinen Nagel im Vorderrad hatten wir auch. Und diesen Schaden haben wir ohne jede fremde Hilfe beheben lassen. Das war schon mächtig aufregend, erfüllt einen im Nachhinein aber mit großer Zufriedenheit.

Ich habe ja vor der Tour immer gesagt: „Ich weiß, dass das Auto nachher nicht mehr ganz genauso aussieht. Hauptsache, es hat etwa noch die gleiche Form, funktioniert im Wesentlichen und bringt uns heil wieder nach Hause." Und bisher sind diese Anforderungen alle erfüllt. Wir sorgen dafür, dass es so bleibt.

So verabschieden wir uns für heute mit herzlichen Grüßen
Ingo + Leonore

....

km 11.701 / 58.884 = gefahren 258 km

Samstag, 3. September 2005

| km 11.701 / 58.884 + 5 Stunden |

Magen verkrumpelt: Es hat mich ganz schön umgehauen. Als ich wach wurde, war mir hundeelend und das hat sich den ganzen Tag nicht gelegt. Und es soll schon was heißen, wenn ich absolut nichts essen will und nur klares Wasser trinke. Selbst Tee ist mir zuwider...

Trotzdem erleben wir wieder das ein und andere. So treffen wir auf einer Straßenkreuzung ein Wohnmobil aus Wesel. Wir halten ganz begeistert an und sie auch – allerdings mit weniger Begeisterung. Das Fahrzeug hat sich aus einer Reisegruppe abgespalten und fährt im Augenblick allein. Statt uns erst einmal vernünftig „guten Tag" zu sagen schnaubt der Mann sofort los: „Fragen Sie mich bloß nicht, mit wem wir unterwegs sind." Und so geht's dann weiter.

Wir zeigen ihm auf der Karte noch, wo wir lang fahren wollen und anschließend trennen sich unsere Wege wieder. Ist bestimmt auch besser so.

Da Ingo aufgrund meines wehen Bauches heute ganz allein fahren muss, legen wir eine lange Mittagspause ein.

In einem Dorf finden wir ein Magazin, das in mehrere kleine Geschäfte aufgeteilt ist. Es gibt einen Lebensmittelladen, daneben wird das Brot selbst gebacken und duftet (ausgerechnet, wo mir jeder Geruch nach Essen das Gesicht grün werden lässt). Es gibt einen kleinen „OBI", in dem man alles Mögliche an Werkzeug und Renovierungsmaterial kaufen kann und ein Textilgeschäft, das auch Schuhe und Gummistiefel verkauft. Da hab ich Ingo reingeholt und nun hat er sibirische Stiefel.

Gegen 17:00 h suchen wir uns einen Standplatz in einem Dorf, da wir wieder ein Stück unbefestigte Straße hatten und dadurch die Nase voll vom Fahren.

Deutsch-russisches „Gespräch"

Wir stehen neben einem größeren Gebäude und denken erst, es ist die Schule.

Nach einem Spaziergang durchs Dorf, bei dem ich Ingo dazu überreden konnte, in einer Art Gemeinschaftsküche (1 x Suppe, 2 Frikadellen mit Graupen / Hirsebrei?, Brot, 2 x Tee für 32,30 Rubel = knapp 1 Euro) zu essen, kommen wir zurück zum Auto. Dort läuft ein Mann rum, mit dem Ingo ins „Gespräch" kommt. Die beiden unterhalten sich prima in üblicher deutsch/russischer Konversation: keiner spricht die Sprache des anderen.

Das Gebäude stellt sich als Poliklinik heraus, in der Ärzte verschiedener Fachrichtungen untergebracht sind.

Der Mann ist Krankenwagenfahrer und zeigt uns seinen Wagen, der im Schuppen hinter uns steht. Wegen der inzwischen zugemauerten Fenster und dem desolaten Allgemeinzustand dachte ich, die Garage wäre im Begriff zu verfallen. So kann man sich irren.

Den Krankenwagen kann ich leider nicht beschreiben. Aber ich hab ein paar Fotos gemacht. Ich weiß nur, dass darin keinem Verletzten geholfen werden kann. Er kann lediglich transportiert werden…

 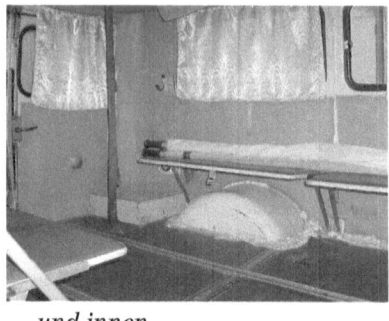

Der Krankenwagen von außen...   *... und innen*

Der Abend zieht sich hin, der Mann geht zwischendurch mehrfach nach Hause, zuerst, um sich umzuziehen und kleine Äpfel und Tomaten zu holen. Später kommt er noch mit einer Flache Wodka. Ingo und der Fremde sitzen vorm Auto auf unseren Höckerchen bis 21:30 h und „unterhalten sich nett".

Währenddessen hab ich, wie fast jeden Abend, Emails empfangen und meine „Hausaufgaben" gemacht.

Aber wenn die Sonne aufs Display fällt und man nichts mehr erkennen kann, muss man sich was einfallen lassen!

Prima Unterhaltung

Email nach Hause

km 12.017 / 59.200 = gefahren 316 km

Im Ural

Sonntag, 4. September 2005

km 12.017 / 59.200 + 5 / 4 Stunden

Heute früh haben wir erst mal ausgeschlafen bis 8:15 h. Danach gemütlich gefrühstückt und anschließend kommt wieder der Mann von gestern – wieder im feinen Zwirn –, bringt uns noch ein Glas Kirschen, um dann mit Ingo zusammen das Womo zu waschen.

Wegweiser – man muss sie nur finden!

Schnell sind zwei Schläuche miteinander verbunden und an einer Zapfstelle neben der Klinik angeschlossen. Und ruck zuck wird sein Auto noch mit gewaschen. Das nennt man dann „ein Abwaschen..."

Es ist mittlerweile schon nach 10:30 h, als wir uns endlich auf den Weg machen. Uns erwarten noch

Und vor dem Essen... ... Hände waschen!

ein paar Kilometer unbefestigt und dann geht's ganz gut voran. Kurz vor Celjabinsk kommen wir auf die M 51, die hier wie eine Autobahn ausgebaut ist. Wir fahren weiter und erreichen auch schon bald den Ural. Eine sehr schöne Landschaft und relativ gut befahrbare Straßen.

Gegen Abend – ca. 18:00 h – kommen wir dann in eine Gegend, wo mehrere „Awtostajankas" sind. Wir entscheiden uns für eine etwas abseits der Straße, um die kommende Nacht dort zu verbringen. Als Gastronomie steht hier ein ausrangierter Eisenbahnwaggon. Ingo ist hin, um die Lage zu peilen und ein Bier zu trinken.

Eine gute halbe Stunde später kommt er mit dem Inhaber, Sascha, um mich abzuholen. Wir fahren gemeinsam mit seinem Lada Niva eine Runde durch die Gegend. Die Landschaft ist wunderschön und er bezeichnet sie nicht zu Unrecht als die „zweite Schweiz".

Wir sehen unter anderem eine atemberaubende Hängebrücke russischer Bauart, auf der Ingo und Sascha natürlich rumturnen müssen. Diese Brücke geht über einen ganz flachen Fluss. Mitten drin steht ein Lkw, der gewaschen wird. Ein Bild – zum Schießen! Es dauert nicht lange, da fährt Sascha auch mit uns durch den Fluss. Wie selbstverständlich nehmen die Angler ihre Angel sofort bei Seite. Das Durchfahren des Wassers scheint hier an der Tagesordnung zu sein.

Anschließend tauscht er uns noch Dollar und Euro in Rubel ein. Der Kurs ist zwar etwas schlechter, aber dafür war es weniger aufregend, als in der Bank. Das hätten wir nun auch und können beruhigt weiterfahren.

Und: Wir haben wieder eine Stunde geschenkt bekommen.

Seit einiger Zeit haben wir die Uhr eine Stunde zu früh zurückgestellt. Das zahlt sich nun aus, denn die Zeitzone, die wir nun wirklich überfahren haben, hat 2 Stunden. Das ist viel auf einmal, aber wir haben ja eine Stunde davon schon weg. So kommen wir gut klar.

Mal sehen, was der morgige Tag bringt – hoffentlich nicht wieder einen wehen Bauch...

> km 12.380 / 59.563 = gefahren 363 km

Montag, 5. September 2005

> km 12.380 / 59.563 + 4 Stunden

Den ganzen Vormittag haben wir noch im Ural zugebracht. Leider war das Wetter ganz mies für diese wunderschöne Gegend. Es hat geregnet, war nebelig und einfach nur grau in grau. Irgendwann wechselten die Basare, bei denen man Luftmatratzen, Angelausrüstungen, Campingzubehör, Souvenirs etc. kaufen kann, mit Honig- und Obstverkäufern.

Wir überlegten, dass ein Glas Honig aus dem Ural auch ein schönes Mitbringsel sein kann. Und so steuerten wir den nächsten Stand an, denn es könnte der letzte sein. 5 Liter wurden gebunkert. Mit dem „letzten" Stand hatten wir uns mächtig geirrt – es kamen wohl noch 495... Ob es überhaupt so viele Bienen gibt???

Na gut, wenn es denn so viele Verkäufer gibt, kaufen wir halt noch einmal 5 Liter.

Am Nachmittag machen wir eine längere Pause, damit es wieder mal was Ordentliches zu essen gibt: Bratkartoffeln mit Spiegelei und Salat.

Gegen 18:00 h suchen wir uns einen Schlafplatz auf einer ländlichen Awtostajanka. Sie macht einen etwas verwaisten Eindruck, aber das hatten wir schön öfter und es ändert sich meist gegen 22:00 h. Dann kommen all die Brummis, um dort zu schlafen. Wir werden sehen, ob es hier auch so ist.

km 12.771 / 59.954 = gefahren 391 km

(morgen ist km-Stand-Jubiläum!)

Kilometerfressen – noch 760 km bis Moskau...

Dienstag, 6. September 2005

km 12.771 / 59.954 + 4 / 2 Stunden

Mit aufgefülltem Wassertank und „Scheißwetter" (Nebel und Regen) fahren wir um 9:00 h von unserem Parkplatz weg. Zum Glück hängt der Nebel aber nur oben in den Bergen fest, so dass wir ihn dann verhältnismäßig schnell los sind. Auch sonst bessert sich das Wetter und ab Mittag scheint die Sonne.

Eigentlich wollen wir uns Samara ansehen. Es liegt an der Wolga und dort leben viele Wolga-Deutsche. Es ist aber mit einem Umweg verbunden, da die Magistrale weiträumig drum herum geht.

Und – im Augenblick steht uns Russland arg im Hals. Keinen Kilometer mehr als unbedingt notwendig und keinen Tag länger als nötig. Gesehen haben wir auch genug. So fahren wir weiter, genießen einen Blick auf die riesige Wolga und werden uns mit unserem Willi zu Hause unterhalten, wenn wir Kontakt zu Wolga-Deutschen suchen... Geht doch!

Die Straße ist wieder schrecklich. Die Russen geben sich alle Mühe, dass wir bloß nicht wiederkommen. Jedenfalls so schnell nicht.

Gegen Nachmittag stellen wir fest, dass wir die Uhr schon wieder eine Stunde zurückstellen müssen. Eine Stunde geschenkt und eine Stunde näher an der MEZ! ... Da waren's nur noch drei!

Und das Beste ist: Es sind nur noch 760 km bis Moskau!

Die Kaffee-Bude

Gegen Abend suchen wir uns einen Stellplatz. Heute bedarf es dreier Anläufe, bis wir was gefunden haben. Auf der ersten Awtostajanka „wachen" drei angeleinte Hunde. Mitten durch das Dorf, das wir dann ansteuern, fährt die Eisenbahn. Und jetzt stehen wir auf einem Parkplatz an einer Kaffee-Bude.

Ach, das „60.000er-Jubiläum" hab ich verschlafen, weil mein Bauch wieder etwas weht. Und Ingo wollte morgens um 9:30 h allein keinen Schnaps. O.k., der Schnaps wird verwahrt. Trinken wir dann ein anderes Mal.

km 13.231 / 60.414 = gefahren 460 km

Mittwoch, 7. September 2005

km 13.231 / 60.414 + 2 Stunden

Gestern Abend haben wir noch erfahren, dass wir schon „Moskauer Zeit" haben. Das heißt, wir müssen unsere Uhren um zwei Stunden zurückstellen. Demzufolge sind wir um 20:00 h im Bett...

Und bis 6:45 h haben wir es auch darin ausgehalten.

An der Kalonka

Der russische „Smart"

Um 8:00 h sind wir dann unterwegs. Die Straßen sind anfangs noch hoppelig. Das hört aber bald auf. In einem Dorf sehen wir eine „Kalonka" (Wasserzapfstelle), wo wir Wasser bunkern wollen. Sofort sind zwei Männer da, die helfen, alle möglichen Verbindungsstücke aneinanderzuhängen, damit dann der Tank irgendwann voll wird.

Für mich ist das Interessanteste das kleine Auto, das neben der Kalonka steht: ein russischer „Smart" – jedenfalls gemessen an der Anzahl der Fahrgastplätze...

Kurz darauf fahre ich dann weiter. Auf einer breiten, zweispurigen Straße, die bergab geht, überhole ich einen Lkw und fahre wieder rechts rüber – da kommt die Kelle...

Der „freundliche" Polizist will die Papiere sehen und gibt mir zu verstehen, ich solle mitgehen. Ingo sagt noch: „Wenn die sagen, du warst zu schnell, lass dir ein Foto zeigen," Von wegen Foto – hinter einer Hecke versteckt steht das Polizeiauto. Da sitzt ein Zweiter drin, bedient ein Laptop und zeigt mir eine Videoaufzeichnung meiner rasanten Fahrt... Ich hätte nur 40 fahren dürfen, fuhr aber 67.

Sie lamentieren. Ingo kommt dazu und lamentiert mit. Aber es bleibt letztendlich nur bei einem Schulterzucken unsererseits.

Irgendwann bedeuteten mir die beiden, ich sollte besser auf die Schilder achten, gaben mir meine Papiere zurück und verabschiedeten sich, ohne mir ein Bußgeld abzuknöpfen. Danke, Miliz!

Weiter geht's. Keine 10 Minuten später die nächste Kelle!!! Die bekannte „allgemeine Verkehrskontrolle". Hier ist ein junger Schupo, schwer bewaffnet mit einer Kalaschnikow, der sich sehr wichtig tut.

Unser „russisches Polizisten-Märchenbuch" interessiert ihn nicht. Originale will er sehen. O.k. Dem nicht genug. Er will unseren russischen Versicherungsschein fürs Auto sehen. Auch kein Problem. Darauf sucht er so lange herum, bis er meint, es fehle ein Datum. „Straf!" „Njet".

Wir werden arg böse, denn der Zettel ist von der russischen Grenzbehörde ausgestellt. Er lässt nicht locker. Da machen wir ihm klar, er soll seinen Chef holen.

Darauf er: „Ich Chef". „Du njet Chef. Major soll kommen!"

Da kommt ein höherer Beamter, guckt auf den Schein, grinst und gibt uns unsere Papiere zurück. Da erscheint wieder der andere Fuzzi und sagt: „ Do you have present for me?" Da also liegt der Hase im Pfeffer. Ingo lässt sich nicht lange bitten und gibt ihm Kuli und Feuerzeug – er wird nun S04-Fan!

Wieder fahre ich ein Stück, da kommt der nächste Polizei-Stopp... Der Beamte macht mir klar, ich soll mit den Papieren ins Büro gehen. Also lauf ich da hin. Der Diensthabende dort hält mir nach einigem Hin und Her eine Tachoscheibe vor die Nase, die er kontrollieren möchte. Das ist dann schnell geklärt. „Njet Fahrtenschreiber, ich Pkw..."

Gegen Mittag kommen wir in den Randbezirk einer größeren Stadt und wollen dort unseren Rubel-Vorrat auffüllen, da wir uns inzwischen aus dem Kopf geschlagen haben, dass wir mit EC-Karte tanken können.

Weil wir mit den Brüdern heute so gute Erfahrung gemacht haben, fahren wir die nächste Miliz-Station (lag auf der linken Seite) an und ich geh in das Kabüffchen, um zu fragen. Der Mann sieht aus dem Fenster und fragt nach dem Fahrer (weil er denkt, der spricht vielleicht Russisch?) Der wird dann erst mal zurecht gewiesen, weil er die durchgezogene Linie überfahren hat!

Anschließend bringt er mich zu einem Taxi, das mit mir zur Bank fährt. Dort angekommen, hängt ein Schild an der Tür, dem man auch ohne Russischkenntnisse entnehmen kann, dass von 13 bis -14 h Mittag ist. Es ist 13:10 h...

„Njet schlimm" oder so ähnlich sagt der Fahrer, wir steigen wieder ein und fahren zur nächsten Bank. Dasselbe!

Aber es gibt noch eine dritte Bank. Er fährt jedoch durch solche Hinterhöfe, dass ich denke, ich krieg gleich eins auf die Mütze, verschwinde auf Nimmerwiedersehen in irgendeinem russischen Keller und er mit meinen 200 Euro. (Bin heilfroh, dass ich schon mehrere solcher russischer Hinterhöfe gesehen habe. Zu Beginn der Reise hätte ich arg Angst bekommen. So hielt sich das in Grenzen.)

Der Fahrer hält kurz, geht um eine Ecke zum Eingang der Bank und kommt mit der gleichen Aussage zurück. Wir fahren dann zur ersten Stelle zurück und warten von 13:35 h bis kurz vor 14:00 h.

Er geht dann mit mir in die Schalterhalle und bringt mich zum richtigen Schalter. Hier geht es einfacher, als bei meinem letzten Geldwechsel. Ich schiebe der Tante 200 Euro durch die Klappe. Das einzige Wort, was sie sagt, ist: „Passpart". Es dauert eine Weile, dann bekomme ich meinen „Passpart", 6.990 Rubel und einen Beleg und kann abschieben.

Der nette Taxifahrer fährt mit 100 km/h durch die Innenstadt und nimmt für die Banken-Rundtour mit Wartezeit und Hilfestellung sage und schreibe 200 Rubel (Euro 5,70).

Wir fahren dann noch ein Stück, bis wir ein Schild finden, auf dem unter anderem „ein Auto unter einer Dusche" (Waschanlage) abgebildet ist. Aber erst will ich noch Brot kaufen und seh' neben dem Magazin so was wie einen Friseur. Da lässt Ingo sich aufgrund seiner positiven Erfahrung aus Irkutsk nicht lange bitten. Der einzige Kommentar, der mir bei seiner Rückkehr einfällt ist: „Die wachsen doch wieder..."

Anschließend erreichen wir diese chice Tankstelle mit Motel und allem drum und dran. Selbst „voll tanken" geht hier.

Im Restaurant des Motels

Dann wird unser Auto rundum gewaschen und wir werden zwischenzeitlich von Olga eingeladen, uns das Hotel anzusehen. Anschließend essen wir dort und Olga, die Hotelsekretärin, erzählt uns von ihrer Schwester in Gladbeck. Sie spricht etwas Deutsch.

Und weil alles so schön ist und Olga auch, werden wir hier übernachten.

Ingo ist jetzt nahezu bei jedem Stopp damit beschäftigt, seine „Schäfchen" zu versorgen: Bei

Ingo und die Kiefern

jeder Gelegenheit kommen die Kiefern aus der Garage an die frische Luft – möglichst in die Sonne – damit sie die lange Reise gut überstehen.

> km 13.524 / 60.707 = gefahren 293 km

Donnerstag, 8. September 2005

| km 13.524 / 60.707 + 2 Stunden |

Heute ist wieder nur Fahren angesagt. Was auch sonst??? Wir wollen schließlich ein bisschen vorwärts kommen. Aber das wird nischt, wenn alle Nas lang eine Kelle vor unserem Auto rumwackelt. Heute ist Ingo an der Reihe!

Man hat ihn angeblich geblitzt – mit so einem Handgerät, das in Deutschland mangels Beweisbarkeit überhaupt nicht mehr eingesetzt wird.

Ingo macht den Beamten in einwandfreiem Deutsch-Spanisch klar, dass er weder gewillt ist, das anzuerkennen, noch was zu bezahlen. Er hält den Typen das zuvor nahezu vollständig entleerte Portemonnaie unter die Nase und sagt, dass er mit den paar Rubelchen nach Deutschland zurück muss. Und man lässt ihn voller Verständnis (oder weil sie froh sind, ihn endlich los zu sein???) fahren.

Bei einer allgemeinen Verkehrskontrolle später ist's ähnlich. Sie haben gar keinen Grund, uns was am Zeug zu flicken und somit auch keinen Erfolg, was ihre Bemühungen anbetrifft, uns Geld abzuluchsen.

Doch neben allen Kontrollen gibt's auch tolle Erlebnisse.

Wir fahren Kilometer um Kilometer durch die Lande und vor uns tut sich ein atemberaubendes Bild auf: Es muss das Schloss von Schneewittchen sein! Wir sind in der Gegend um Rajasan und halten erst einmal an, um uns dieses Gebäude von Nahem anzusehen.

Wohnt hier Schneewittchen?

Schnell kommen wir mit den Leuten ins Gespräch. So erklärt uns eine Frau, dass es sich um das Anwesen des Barons von Derwitz handelt, in dem eine Augenklinik untergebracht ist. Später erfahren wir von einem Architekten, dass die alten Gebäudeteile originalgetreu restauriert werden, nachdem die Spuren des Kommunismus entfernt wurden.

Auch Schneewittchen muss renovieren!

Beim Verlassen des Geländes winkt uns der Pförtner noch zu sich und erzählt uns eine ganze Menge, von der wir nicht ein Wort verstehen. Doch er weiß wohl, dass wir zu Hause eine Irina haben, denn er schreibt uns einiges zum Schloss auf, was wir selbst zwar nicht lesen können, dafür aber zu Hause unsere Irina!

Am frühen Nachmittag geraten wir in ein ziemliches Verkehrschaos auf der vierspurigen Straße Richtung Moskau. Die komplette Gegenfahrbahn ist voll gesperrt und so teilen wir uns unsere beiden Spuren mit dem Gegenverkehr. Als es auf unserer Bahn zum Stillstand kommt, fehlt es den Russen nicht an Ideen: Sie fahren kurzerhand über den ca. 3 m breiten Mittelstreifen (Grünstreifen) auf die gesperrte Gegenseite und brettern dort weiter. Ein paar Kilometer „machen wir mit", doch dann wird uns das zu heiß. „Kommen wir mit unserem Gefährt heil wieder zurück auf unsere Bahn?" stellen wir uns die Frage. Wir meiden weiteres Risiko und steuern lieber das nächste Restaurant an.

Für den Nachmittag haben wir uns vorgenommen, noch irgendwo vor Moskau eine Übernachtungspause einzulegen, um dann morgen so zwischen 4:00 h und 6:00 h (ganz und gar unsere Zeit) über den Ring zu fahren.

Mir graut vor dem Verkehr – Ingo hat Sorge, dass wir die Schilder nicht richtig zuordnen können und unseren Weg verfehlen in dem schrecklichen Gewühl.

Ich sage dann irgendwann, dass ich vor Aufregung bestimmt nicht schlafen kann. Wir sehen uns an und fahren einfach weiter. Immer weiter den Schildern nach „M5 – Moskau" bis zum Schild „M-Kad", über die große Brücke, Auffahrt Richtung „Westen" und ab die Post...

Und das abends um 19:00 h. Und siehe da: die Fahrt verläuft super. Der Hauptverkehr bis zum Stillstand geht in die andere Richtung. Die Orientierung ist auch kein Problem, da die Beschilderung ausgezeichnet ist.

Man muss sie nur lesen können. Doch das haben wir in der Zeit gelernt. Irgendwann kommt unsere Abfahrt Richtung Riga: einordnen, rausfahren, fertig.

Abfahrt Richtung Riga

Wir fahren noch schlappe 80 km. Die Platzsuche ist etwas schwierig, weil es inzwischen dunkel ist. Wir biegen dann von der Autobahn in ein Dorf ein. Neben dem Dorfladen finden wir ein geeignetes Plätzchen zum Schlafen.

Geht doch!

km 14.106 / 61.289 = gefahren 582 km

Freitag, 9. September 2005

km 14.106 / 61.289 + 2 / 1 Stunde/n

Um 7:00 h fahren wir schon neben dem Magazin weg und zur Tankstelle. Dort mach' ich Frühstück und Ingo putzt Scheiben. Die sind ganz schön voller Insektendreck durch die Fahrerei vom Vortag.

Und tanken wollen wir – aber es gibt gerade keinen Sprit, weil der Tankwart Pause hat – armes Russland...

O.k., wir fahren weiter. Die Sonne scheint und es läuft gut. Die Straßen sind schlecht wie über die letzten 1.000 km. Es geht uns fürchterlich auf den Wecker – aber was will man machen?! Das einzige ist: Fahren! Das tun wir dann auch und fahren und fahren und fahren.

Gewohnt schlechte Straßen...

Eine 1/2-Hähnchen-Pause in einem „Café", das nicht ganz einfach zu erreichen ist... Und weiter geht's.

... und nicht ganz einfach zu erreichende Rastplätze!

Vor der Grenze wollen wir dann spätestens nochmals schlafen. Hunderte von Überlegungen kommen, wann es wohl am besten sein würde, den Grenzübergang zu passieren. Morgens? Ganz früh vielleicht? Wann mögen die Schichtwechsel haben? Was machen wir bloß richtig???

Letztendlich kommt von mir die Andeutung, dass ich mich schon mächtig ärgern würde, wenn wir gegen 15:30 h die Fahrt abbrechen und an der Grenze ist vielleicht gar nix los... Ingo sagt: „Wenn du meinst?!" Dann fahren wir durch und machen an der letzten Tankstelle vor der

Grenze noch mal den Tank voll bis an den Stehkragen, weil der Sprit so günstig ist. Wir nähern uns dem Schlagbaum und – es ist nicht ein einziges Fahrzeug vor uns. Unfassbar!

> km 61.796 / 14.613

Wir können bis zum ersten Kontrollposten durchfahren. Ich steige dann immer wieder mit den verschiedenen Papieren ein und aus und habe nur noch den seit ca. 1,5 Std. geübten „Dackelblick" im Gesicht.

Alles geht gut, bis ich mit muss in ein klitzekleines Büro, in dem zwei „wichtige Männer" arbeiten. Ich begreife schnell, dass unsere Registrierung vom Hotel in Ulan-Ude wohl nicht so ganz in Ordnung ist. Aber was kann ich dafür, wenn die dort zu blöd sind??? Dackelblick.

Der Mann sagt was. Ich: Schulterzucken. Nix verstehen. Dackelblick. Er: Kopfschütteln. Ich: Dackelblick. So geht das hin und her.

Irgendwann sagte er einen Satz in dem „Ulan-Ude" vorkommt. Ich spiele Begeisterung: „Oh ja! Ulan-Ude! Da waren wir! Es ist wunderschön dort!" Dackelblick.

Seine Hand geht Richtung Stempel – die Spannung steigt.

Er zieht die Hand wieder zurück. Schüttelt wieder mit dem Kopf. Dreht zum hundertsten Mal den kleinen Zettel hin und her (ob man die russischen Buchstaben damit verändern kann???)

Dann endlich nimmt er den Stempel und drückt ihn tatsächlich auf das kleine Stück Papier. Gewonnen! Ich werde nicht inhaftiert wegen falscher Registrierung!

Dann kommt noch einer, der sich davon überzeugt, dass wir tatsächlich zu zweit sind und einer, der uns zwei Schränke mit Unterbuxen aufmachen lässt. Ich denke, er wundert sich, mit wie wenig wir auskommen – aber die Bestände an frischer Wäsche sind sichtlich geschrumpft.

Und dann können wir fahren. Echt! Vor uns geht eine Schranke nach der anderen auf und das war's! Wir sind im Westen!

Hinter dem letzten Posten treffen wir auf ein großes gelbes Womo, das dort auf einen jungen Mann wartet, den wir bereits kennen gelernt hatten. Er hat Probleme, weil sein Fahrzeug auf den Namen seines Vaters zugelassen ist und er keine ordentliche Vollmacht hat. Die Beamten hatten erwogen, ihn bis Montag festzuhalten, da der Oberboss entscheiden soll, was zu tun ist. Und der ist schon im Wochenende.

Wir warten mit den Leuten aus Bautzen, die in der Mongolei waren. Und nach einer guten Stunde trudelt er ein. Man hat ihn fahren lassen. Auch wieder unvorstellbar. Schließlich geht es um die Ausreise und nicht um die Einreise... Russische Bürokratie!

Wir verabschieden uns, weil wir dann auch los wollen, um uns einen Standplatz zu suchen. Die beiden haben Allrad und wollen „irgendwo" stehen bleiben. Da wir „irgendwo" nicht hinkönnen, bleiben wir allein und finden wieder was zwischen einem Häuschen und einer alten Werkhalle.

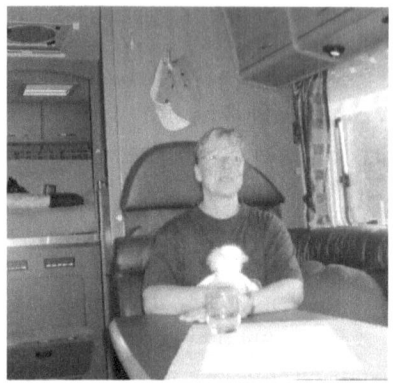 

Endlich wieder fernsehen! Wann kommt Jauch...   *... und wann kommt Fußball?*

Motor aus – und dann passiert's: Der Parabolspiegel wird seit Wochen das erste Mal aktiviert und hat innerhalb von Sekunden Deutsches Fernsehen.

Ingos kleine Welt ist wieder heil. Wir gucken Nachrichten und irgendetwas – Hauptsache mal wieder fernsehen.

Und dann freut sich einer ganz dolle auf Samstag, weil er wieder Bundesliga gucken kann. Damit das schneller geht, gehen wir ganz früh ins Bett. Oder aber, weil wir von der vielen Fahrerei mausetot sind?!

km 14.653 / 61.836 = gefahren 547 km

Samstag, 10. September 2005

| km 14.653 / 61.836 + 1 Stunde |

Nach einer relativ angenehmen Nacht machen wir uns beizeiten auf den Weg. Wir sind hier und da etwas enttäuscht über die Straßen, da wir ab sofort nur völlig glatte und mehr oder weniger neue erwartet haben. Aber Lettland ist eben nicht Deutschland und noch nicht lange genug selbstständig, damit das alles in Ordnung ist.

Gegen Mittag erreichen wir die lettisch-litauische Grenze. Der Grenzer meint, er müsse unsere Papiere kontrollieren, kann uns aber überhaupt nicht sagen, wie wir an Litas kommen können. Der Grenzübergang ist so klein, dass es keine Wechselstube gibt. Doch sofort nach dem Ortseingang steht mitten auf dem Gehweg so ein Glaskasten, in dem sich der Geldautomat befindet. Am liebsten würde ich zurückfahren, um ihm dies zu erzählen.

Wir kaufen noch ein paar Kleinigkeiten ein – schließlich haben wir ja jetzt Geld in Landeswährung!

Dann haben wir etwas Mühe, einen schönen Platz für Mittagsschlaf und Bundesliga zu finden. Letztendlich entscheiden wir uns für einen offiziellen Parkplatz.

Ich schreibe während der Übertragung Emails und um Punkt 17:15 h brechen wir auf und fahren weiter, da wir noch nach Rudiskes wollen. Und das sind noch ca. 160 km. Und einmal quer durch Vilnius. Alles klappt ganz prima. In Trakai und Rudiskes fragen wir jeweils einmal und dann sind wir am Ziel. Schlimm waren für uns die vier Kilometer unbefestigte Straße bis zum Camp und dazu noch im Dunkeln.

Um 19:45 h sind wir an Ort und Stelle. Irina, die Frau von Wim Brauns, lässt uns herein. Leider ist Wim zurzeit in Holland und wird erst Mittwoch zurückkommen.

Wir fahren noch schnell einen großen Findling um, damit wir auf den Garagenvorplatz gelangen. Alles wegen des Satellitenprogramms. Aber dafür gibt's eine Jubiläumssendung „Wer wird Millionär" mit Günter Jauch über gut zwei Stunden.

Willems neue Wiese

Doch vorher noch schnell eine Email nach Deutschland, damit die uns dort nicht vergessen:

....

Hallo zusammen!

Die Russen haben sich in den letzten Tagen alle Mühe gegeben, uns zu zeigen, dass sie uns nicht gerufen haben. Die Straßen waren katastrophal und wir hatten mit jedem Kilometer, den wir fuhren, die Nase mehr und mehr voll.
Dazu kamen 7! Polizeikontrollen in zwei Tagen. Doch von Mal zu Mal wurden wir den Brüdern gegenüber dreister, haben rumgemeckert, wollten den Chef sprechen, haben uns im Schulterzucken geübt – und haben letztendlich nicht einen Rubel bezahlt. Ohne dass wir uns darüber konkret verständigt haben, sind wir gefahren, was das Zeug hält, und haben dabei alle Rekorde gebrochen.
So sind wir vorgestern auf Moskau zugefahren und wollten vorher stehen bleiben, um dann am anderen Morgen entweder seeeeehr früh, so gegen 4:00 h, oder früh, so zwischen 6:00 h und

7:00 h, über den Ring zu fahren. (Uns war die Hinfahrt noch mit Schrecken in Erinnerung).
Wir sind dann doch noch abends um 19:00 h einfach drauflos und es ging prima... Ingo ist gefahren, als hätte er seinerzeit die Fahrstunden auf dem „G-Kad" (Moskauer Außenring) absolviert. Kann sich mancher Russe ein Beispiel dran nehmen!
Gestern sind wir dann in einem durch Richtung Grenze. Auch für diese Strecke hatten wir eigentlich eine Zwischenübernachtung und evtl. eine Übernachtungspause innerhalb der letzten 100 km in Russland geplant.
Die Abfertigung auf dem Hinweg war uns noch mit Schrecken in Erinnerung: 8 Std. bei 42°...
Entgegen aller Planung, sind wir wieder einfach drauflos und es war niemand!!!!!!!! vor uns. In 35 Minuten war alles erledigt. Unvorstellbar! Ich hatte nicht mal Zeit zum Kaffeekochen.
Wollte ich doch in der Warteschlange.
Vielleicht hat alles so gut geklappt, weil ich in den letzten 1,5 Std. vor der Grenze den „Dackelblick" geübt habe?!
Nun sind wir in Litauen und zurzeit können uns die Russen mal gern haben...
Wir zockeln – jetzt aber wirklich – zu einem Campingplatz, den wir schon kennen, in der Nähe von Vilnius Litauen), um dort ein paar Tage auszuspannen. Und dann wollen wir ganz gemächlich noch nach Fulkum, um uns langsam wieder zu akklimatisieren.
Zwei Monate Russland hinterlassen ihre Spuren – na-sdarowje...

So, das war's erst mal von uns.
WIR HABEN JETZT URLAUB!!!!

Herzliche Grüße
Ingo + Leonore

km 14.985 / 62.168 = gefahren 332 km

Sonntag, 11. September 2005

km 14.985 / 62.168 + 1 Stunde

Heute ist Klöngelstag. Als wir frühstücken, erscheint Irina mit einer Holländerin, die uns fragt, ob denn auch alles in Ordnung sei und erklärt, dass wir unser Auto besser auf die untere Wiese stellen, da wir dort mehr Ruhe haben, besonders, wenn Montag an dem Neubau des Holzhauses weitergearbeitet wird. Wir gehen mit zu der besagten Wiese und sind sehr erstaunt über das große und wunderschön angelegte Gelände.

Natürlich stellen wir das Auto bald um und Waldi kommt, der Sohn von der Russin, den wir schon vor ein paar Jahren kennen gelernt haben. Er wäscht uns das Womo.

Und dann zeigt Irina mir die Waschmaschine..., die im Anschluss auf Hochtouren läuft. Es ist so schön, wieder „richtig" gewaschene Wäsche zu haben! Weil so etwas Frisches so schön ist, beziehe ich auch noch die Betten.

Am späten Nachmittag radelt Ingo zum Wohnwagen von Paul und Diana, den Holländern, und lädt die beiden für abends auf ein Bier ein. Sie kommen eh jeden Tag zum Duschen. Es sind Freunde von Wim und

Bei Willem...

... und Irina in Rudiskes

Irina, die in der Nähe bauen und die Einrichtungen des Campings mit nutzen.

Wir unterhalten uns über unsere Reise und sie empfehlen uns, anderntags nach Vilnius zu „Maxima Base" zum Einkaufen zu fahren. Dienstag will Diana dann mit uns zum Markt und nach Vilnius. Wir nehmen dankend an.

> km 14.985 / 62.168 = gefahren 0 km

Montag, 12. September 2005

> km 14.985 / 62.168 + 1 Stunde

Gegen 9:30 h machen wir uns auf den Weg, der uns gemäß holländischer Handskizze zum Einkaufsparadies bringen soll. Da wir während der zwei Monate Russland noch nicht alles verlernt haben, erreichen wir unser Ziel problemlos. Und dann wird eine ganze Einkaufskarre voller Zeug gekauft. Es gibt eine riesige Lebensmittelabteilung und das Schöne ist: Man kann überall auch essen und trinken! – Was wir natürlich tun...

Ingo kauft mal eben drei Paar Schuhe. Weil die so billig sind.

Sonst ist nichts Wichtiges passiert. Noch ein bisschen Fernsehen, ein Spielchen und dann ab ins Bett, weil Diana morgen um 8:30 h hier sein will und uns abholen wird.

> km 14.985 / 62.168 = gefahren 0 km

Dienstag, 13. September 2005

> km 14.985 / 62.168 + 1 Stunde

Diana ist pünktlich und der Himmel verspricht einen schönen Tag. So ziehen wir uns locker an, ein Jäckchen für schattige Plätze wird mitgenommen und wir erreichen bald den unglaublich großen Markt, auf dem man schier alles kaufen kann, was man sich nur vorstellen kann – außer Lebensmittel. Vom gebrauchten Autoteil bis zum neuen Brautkleid ist alles zu haben. Und wir müssen feststellen, dass die Versprechungen des Morgenhimmels nicht eingehalten werden. Wir müssen mächtig frieren und überlegen ständig, ob wir uns eine warme Jacke kaufen sollen.

Gegen 11:00 h machen wir uns dann auf den Weg und fahren aus der Stadt raus zu „Akropolis" – einem Einkaufszentrum ähnlich dem Rhein-Ruhr-Zentrum. Wir essen für 96,90 Litas = 28,-- Euro mit drei Personen ein komplettes Mittagessen. Ingo hat sogar ein gutes Pfeffersteak und zum Abschluss trinkt jeder noch einen Espresso. Und das alles zu dem Gesamtpreis! Diana meint, es sei schon gehobene Preisklasse, es ginge auch für die Hälfte.

Bei einem Juwelier sehe ich einen Herrenring, von dem ich meine, dass er Ingo gefallen könnte, und möchte ihn ihm schenken. Er passt, sieht gut aus und – gefällt ihm! Beim Bezahlen mit EC-Karte gibt's dann ein Problem: Die wollen das Ding einziehen. Es sei nicht in Ordnung. Und die Polizei wollen sie auch holen... Ich darf dann mit VISA zahlen und ein Anruf bei der Bank klärt, dass man mich nicht verhaften muss. Eine EC-Karte funktioniert hier nur am Automaten und nicht als Zahlungsmittel... Wir gönnen uns dann als Andenken noch vier ausgefallene Espresso-Tassen. Zuvor ziehe ich vorsichtshalber noch Bargeld, bevor es wieder ein Problem gibt.

Diana macht uns den Vorschlag, morgen mit dem Zug in die Altstadt von Vilnius zu fahren. Wir könnten uns mittags bei ihr an der Firma treffen, gemeinsam essen und dann mit ihr zurück zum Campingplatz fahren. Eine gute Idee, die wir gern in die Tat umsetzen wollen!

> km 14.985 / 62.168 = gefahren 0 km

Mittwoch, 14. September 2005

> km 14.985 / 62.168 + 1 Stunde

Dianas Vorschlag von gestern, mit dem Zug nach Vilnius zu fahren, gefällt uns auch heute noch. Wir nehmen das Angebot an, und ihr Mann Paul nimmt uns mit nach Rudiskes zum Bahnhof.

Der Zug fährt um 9:30 h und um 10:30 h sind wir schon in Vilnius. Mit dem ramponierten Stadtplan vom Camp in der Hand laufen wir durch die Altstadt und erkennen auch das ein und andere wieder, was wir vor Jahren schon gesehen haben.

Doch ohne professionelle Führung rennen wir lange planlos durch die Gassen, immer knapp am eigentlichen Zentrum der Altstadt vorbei. Als wir eigentlich schon „abdrehen" wollen, entdecken wir dann doch noch die sehr belebten und schön renovierten Gassen, wo etwas los ist.

So laufen und gucken wir hier auch noch ein bisschen, bevor wir uns gegen 12:30 h von einem Taxi zu Dianas Büro bei ICC fahren lassen. Danach gehen wir zusammen zum Mittagessen.

Den Rest des Tages verbummeln wir auf dem Platz.

> km 14.985 / 62.168 = gefahren 0 km

Donnerstag, 15. September 2005

> km 14.985 / 62.168 + 1 Stunde

Morgens um 8:30 h treffen wir Willem, der gestern Abend spät zu Hause ankam. Er will noch schnell zum Büro nach Vilnius und schlägt vor, dass wir uns gegen Mittag treffen. Er möchte dann zur Holzfabrik nach Rudiskes fahren. Wir sollen ihn begleiten, damit er uns das Werk zeigen kann.

Natürlich sind wir schon um 11:30 h fertig zur Abfahrt, denn er könnte ja auch kurz vor Mittag kommen.

Gegen Mittag ist dann um 15:30 h...

Die Firma ist sehr interessant für uns. Sie stellt alle möglichen Tierbehausungen aus Holz her, Hundehütten, Kaninchenställe, Vogelhäuschen und -volieren etc. Ein anderes Programm ist die Produktion von Weinkisten. Das neueste Projekt sind Stehtische zum Zusammenklappen, die für OBI gefertigt werden sollen.

Hier treffen wir auch Stasi, den Bruder von Waldi, der als Betriebsleiter arbeitet. Ebenfalls ist die Schwester der beiden hier beschäftigt. So sieht man sich wieder.

Abends sitzen wir dann noch ein paar Minuten bei Willem und anschließend mit Diana und Paul zusammen. Es ist wieder einmal ein Abschied, doch die Gewissheit ist recht groß, dass wir uns wiedersehen.

km 14.985 / 62.168 = gefahren 0 km

Freitag, 16. September 2005

km 14.985 / 62.168 + 1 Stunde

Um 8:30 h machen wir uns im trüben Wetter auf den Weg und erreichen gegen Mittag die polnische Grenze. Wir haben die Nebenstrecke gewählt, da uns diese sowohl von Diana als auch von Willem empfohlen wurde. Sie ist, wie versprochen, gut zu fahren und vom Belag her in Ordnung.

Nach einer problemlosen Abfertigung tauschen wir erst einmal 100 Euro in 377 Zloty, damit wir „flüssig" sind.

Zielstrebig fahren wir Richtung Masuren, aber das Wetter ist leider nicht so, dass wir die Fahrt auch genießen können. Eigentlich wollten wir nach Nikolaien, streichen die Idee aber wegen des Regens.

Durch Zufall sieht Ingo das Hinweisschild zum Camping „Christian". Dort biegen wir ab und müssen eine ellenlange und schlechte Zufahrt in Kauf nehmen. Wir erreichen den Platz und es ist tatsächlich der, den wir noch von 1992 kennen. Er wirkt etwas heruntergekommen. Doch der Eindruck kann auch am Wetter liegen und daran, dass er wegen des nahen Saisonendes schon „eingemottet" ist.

Es steht aber noch ein Flair dort und sein Besitzer sagt, dass er froh sei, nun nicht mehr allein zu sein. Aber das war auch das Einzige, was er zu sagen hatte. Die Tür ging hinter ihm wieder zu und die Jalousien vor den Fenstern ebenfalls.

Bei uns gibt's noch Kartoffelsalat aus Annas Kartoffeln und später „Wer wird Millionär?" – Man sieht, wir sind auf dem besten Weg, uns wieder „einzuwesten". Da wir hier nix zu versäumen haben, gehen wir dann auch um 21:30 h heia machen.

> km 15.302 / 62.485 = gefahren 317 km

Samstag, 17. September 2005

> km 15.302 / 62.485

Es ist traumhaft schönes Wetter und wir sind recht früh fertig. So bleibt noch Zeit, das Womo ein bisschen abzuwaschen. Ach – und Ingos neue „Lieblinge", die Kiefern, die Steingewächse und die Eibe vom Baikalsee werden wie jeden Tag liebevoll in die Garage gestellt. Es gibt einen großen Zettel „Pflanzen mitnehmen", der jeden Abend beim Rausstellen der Pflanzen aufs Lenkrad geklebt wird. Morgens kommen die Kleinen nach dem Lüften wieder ins Auto und der Zettel ab.

Wir genießen das schöne Wetter und fahren zufrieden durch die Gegend. In Mragowo leuchtet uns das große Transparent vom „Lidl" entgegen. Dort wird erst mal gehalten und das eine und andere gekauft. Nötig wäre es nicht, aber das Gefühl von der nahen Heimat ist toll.

Auf dem Parkplatz trifft Ingo zwei junge Männer mit dem deutschen Kennzeichen „WN" für Waiblingen. Sie unterhalten sich ein bisschen über die Reisen, die jeder so gemacht hat. Sie sind sehr erstaunt über unsere Tour, die wir jetzt so gut wie hinter uns haben.

Weiter geht's und die nächste Tankstelle ist unsere. Dort spricht Ingo sofort zwei Damen an, ob denn hier alle Autos mit „WN"-Kennzeichen unterwegs seien – er hatte nur übersehen, dass es sich jetzt um ein polnisches Nummernschild handelte... Die Frauen sind ebenfalls Deutsche, die hier einen polnischen Leihwagen fahren. Sie kommen vom Karlsplatz in Düsseldorf...

Nachdem der Irrtum aufgeklärt ist, fahren wir weiter und sind gegen 11:00 h in Allenstein. Wir finden einen schönen Parkplatz fürs Womo und machen uns auf den Weg in die Altstadt.

Dort spricht uns eine ältere Dame in klarem Deutsch an und erklärt uns etwas von den alten Gebäuden.

Wir laden sie zu Kaffee und Kuchen ein, was sie wegen der „viel zu hohen Kosten" nur sehr zögernd annimmt. Sie ist deutscher Abstammung und wir tauschen später die Adressen aus.

Im polnischen Mragowo

Anschließend gehen wir noch ein Stück allein und dann wird noch zu Mittag gegessen. Wir finden ein angenehmes Lokal und bekommen ein leckeres Essen serviert. Komplett mit Getränken und Espresso bezahlen wir 61,80 Zloty = 16,40 Euro! Und es ist so viel, dass wir jeder noch Fleisch für morgen einpacken können...

Und da ja Samstag ist, wurde der Parkplatz direkt so gewählt, dass der Parabol-Spiegel für die Bundesliga ausgerichtet werden kann. So verbringen wir den Nachmittag mit Fernsehen, Kreuzworträtseln und Schlafen. Direkt danach geht's weiter bis „Deutsch Eilau"/Ilawa. Ingos Vater war nach dem Krieg hier in der Landwirtschaft. Vielleicht finden wir jemanden, der ihn beherbergt hat???

Wir gelangen zu einem angenehmen, bewachten Parkplatz vor einem Hotel und bekommen dort einen wichtigen Zettel, den wir gut sichtbar hinter die Scheibe legen müssen. Anschließend gehen wir noch in ein nahe gelegenes „Glas-Bier-Geschäft", bevor wir uns den Jauch reinziehen und anschließend ins Bett fallen.

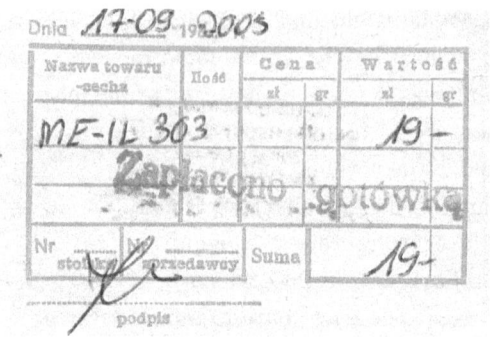

km 15.461 / 62.644 = gefahren 159 km

Sonntag, 18. September 2005

km 15.461 / 62.644

Es ist wieder herrliches Wetter und wir fahren frohen Mutes weiter. Ingo ist zwar etwas morsch im Kopf, in der Schulter und auf den Bronchien, aber dafür gibt's Medikamente und moralische Streicheleinheiten...

Inzwischen müssen wir auch feststellen, dass tatsächlich alle Storchennester leer sind. Und umso mehr freuen wir uns, dass wir sie auf dem Hinweg alle „gut gefüllt" gesehen haben.

Eigentlich wollten wir uns heute Vormittag „Deutsch Eilau" angucken. Die nahe Hotelrezeption, wo Ingo sich erkundigt hatte, sagte, dass es nicht viel zu sehen gäbe. So genießen wir das schöne Wetter und fahren weiter.

Mittags erreichen wir Wenecija und gehen dort ins Dampflokmuseum, das größte überhaupt. (Weltweit? – ich werde Jochen fragen, der weiß das!) Eigentlich wollen wir noch nach Biskupin ins Prähistorische Museum. Dort ist jedoch jedes Jahr im September ein riesiges Volksfest mit Ritterspielen etc. und so auch im Augenblick. So weit das Auge

Dampflokmuseum in Wenecija

reicht, geparkte Fahrzeuge. Das sparen wir uns und fahren weiter. Unser Ziel ist Wiwiorczyn, die Familie mit dem Bauernhof, wo wir auf der Hinfahrt schon übernachtet haben.

Wir fahren nach Gefühl und finden das Haus auf Anhieb. Die Mutter ruft uns zu, dass wir zum Kaffee kommen sollen, noch bevor der Motor abgestellt ist.

Inzwischen sitzen wir im Womo und gucken Wahlergebnisse... Ich mach lieber Schularbeiten, schreibe eine Email und morgen geht's weiter!

....

Hallo zusammen!

Inzwischen haben wir 6 Tage in Litauen in der Nähe von Vilnius auf einem Fleck gestanden und die Ruhe dort genossen. Litauen ist ja inzwischen EU-Mitglied und somit für uns gut geeignet, dass wir uns akklimatisieren konnten...
Das Land ist optisch noch nicht so westlich, dass wir einen Kulturschock erlitten hätten, aber für dortige Verhältnisse schon sehr im Umbruch.
Im Klartext heißt das: Es fehlt an allen Ecken, vor allem am Service, aber es gibt riesige Läden mit einem allumfassenden Angebot.
Zur Zeit sind wir in Polen und lösen unser Versprechen von der Hintour ein, eine Familie zu besuchen, bei der wir im Juli übernachtet haben. Man sieht, wie die Zeit vergangen ist: Die Störche sind inzwischen in Afrika, der kleine Junge der einen Tochter kann schon laufen und das Baby der anderen Tochter, die damals noch in Umständen war, ist 7 Wochen alt... Einzig die Fliegen, sie sind genau so lästig, wie auf der Hinreise. Aber das haben Bauernhöfe, egal ob in Ost oder West, so an sich.
Wir hatten uns für die Gegend hier vorgenommen, alle Storchennester zu kontrollieren, ob sie auch tatsächlich leer sind. Und wir können nur bestätigen, dass auf unserem Weg keiner vergessen wurde. Die sind jetzt alle in Afrika. Und wir sitzen hier und

fragen uns, was die da wohl machen... Vielleicht sollten wir hinterher fahren und nachsehen???
Nein, ich denke, wir fahren noch, wie geplant, in unsere „Datscha" an der Nordsee. Danach werden wir unserem Wohnmobil einen „Wellnessurlaub" gönnen (d. h. Komplett-Service bei Niesmann + Bischoff, bei Fiat und eine Innenreinigung vom Feinsten). Danach machen wir uns dann Gedanken, ob wir die Storch-Kontrolle durchführen, oder vielleicht mal gucken, wo die Schneeflocken herkommen...
Wir wünsche euch allen noch einen schönen „Restsonntag" und ein zufrieden stellendes Wahlergebnis...

Herzliche Grüße – Igor + Leonora,
die nun wieder Ingo + Leonore heißen!

| km 15.678 / 62.861 = gefahren 217 km |

Montag, 19. September 2005

| km 15.678 / 62.861 |

Da wir früh wach sind, kommen wir auch zeitig los. Wir überlegen unterwegs, ob wir in Posen noch Station machen sollen. Da wir aber schon vorm Ortseingang im Stau hängen, sparen wir uns das und fahren weiter. Die Straßen sind gut und so beschließen wir, Richtung Grenze zu fahren. Wer weiß, was uns da noch so erwartet!

Nach dem Telefonat mit Elisabeth, die meint, es sei Wurst, welchen Grenzübergang wir nehmen, entscheiden wir uns für den kleineren in Küstrin, nördlich von Frankfurt/Oder.

Auf dem Weg zählen wir noch die Häupter unserer polnischen Lieben und resümieren, dass wir noch 209 Zloty haben. Davon wollen wir erst mal was essen und den Rest vertanken. Das Essen von Ingo ist Furcht erregend, aber er hat's gegessen und überlebt. Das Tanken war dann erfolgreicher und weil so schön, haben wir dann gleich noch den Tank ganz voll gemacht und den Rest per Karte beglichen.

Dann an der Grenze angekommen, sind ca. 10 Pkw vor uns, die nach und nach durchgewinkt werden. Die Beamten werfen einen Blick in unsere Pässe, es kommt die Frage: „2 Personen? Okay, dann bitte weiter." Das war alles. Es interessierte sich keiner für unsere 15 Flaschen Wodka oder die vier Stangen Zigaretten.

Als ungewöhnlich fallen uns als Erstes die gelben Wegweiser auf. Wir kennen nur noch Grüne und Blaue.

Aber man gewöhnt sich bestimmt schnell wieder an Altbekanntes.

So fahren wir weiter und sind ruck zuck in Lehnin am Klostersee. Den Abend verbringen wir mit Ehepaar Engel, den Campingplatzbesitzern, und gucken Videofilme von der Tour. Sie freuen sich sehr, dass wir sie auf dem Rückweg nun wieder besuchen.

km 16.074 / 63.257 = gefahren 396 km

Dienstag, 20. September 2005

km 16.074 / 63.257

Für heute Vormittag hat sich Herr Engel Zeit genommen und uns eingeladen, mit ihm durch die Gegend zu fahren. Er zeigt uns eine Menge schöne Landschaft und viele interessante Veränderungen seit der Wende. So kommen wir auch wieder einmal nach Potsdam ins russische Viertel (war nicht so dringend notwendig – wir wissen, noch zu gut, wie „echte" russische Holzhäuser aussehen…) Aber so haben wir einen

Holzhaus im „Russischen Viertel"

Vergleich mit denen, die hier rekonstruiert sind.

Weiter geht's vorbei an den Filmstudios in Babelsberg und durch das Potsdamer Nobelviertel, wo auch Günter Jauch wohnt. Es sind schon beeindruckende alte Villen, die man hier bestaunen kann.

Wir haben das Glück, auch noch an einem großen Film- und Schauspielerteam vorbeizufahren, die gerade Außenaufnahmen machen, jedoch im Augenblick alle Mittags-Pause machen, so dass wir von „Action" nichts mitbekommen.

Wir wollen selbst erst mal was essen und kehren in einer schönen, alten Potsdamer Dorfkneipe ein.

Anschließend fahren wir weiter durch die Lande und lassen uns von Herrn Engel weiter informieren, wo wir eigentlich sind.

Zurück auf dem Camp, überreicht uns Frau Engel frischen Pflaumenkuchen, mit dem sie auf uns gewartet hatte. Leider vergeblich, so dass wir den Kuchen dann noch „aufs Satt-sein" im Womo essen.

Zum Abschluss laden die beiden uns noch ein, am nächsten Morgen, bevor wir wegfahren, bei ihnen zu Hause vorbeizukommen.

km 16.074 / 63.257 = gefahren 0 km

Mittwoch, 21. September 2005

> km 16.074 / 63.257

Zu Besuch bei Familie Engel

Wie vereinbart, sind wir dann im Laufe des Vormittags bei Engels „eingelaufen" und haben bei ihnen „Hausbesichtigung" gemacht.

Es ist toll zu sehen und mitzuerleben, was die beiden nach der Wende aus ihren neuen Möglichkeiten machen und gemacht haben.

Dann wird's Zeit für uns, dass wir uns verabschieden – bis ???

Wir wollen doch nun weiter nach Fulkum – Urlaub machen!

> km 16.489 / 63.672 = gefahren 415 km

Donnerstag, 22. September 2005 – Mittwoch, 5. Oktober 2005

Nach guter und ausgeglichener Fahrt auf den besten Straßen, die wir seit Wochen erleben, sind wir am 22. September 2005 mit Einbruch der Dunkelheit in Fulkum angekommen. Schön, wieder Nordseeluft zu schnuppern!

Wir richten uns ein und verbringen eine sehr entspannte Zeit. Am 29. September kommen wir auf die Idee, nochmals das Satelliten-Telefon zu aktivieren, um letzte Email-Antworten abzurufen und eine letzte Mail an Familie, Freunde und Bekannte auf diese Weise zu verschicken. Und siehe da: Es klappt! Jetzt noch schnell auf „Senden und Empfangen" klicken, denn geschrieben hab ich zuvor schon:

Hallo!!!
Na, da bin ich aber mal gespannt, ob ich das hier (Email schreiben, Satellitentelefon anschließen, senden und empfangen) überhaupt noch kann... Das haben wir ja schon „ewig" nicht mehr gemacht. Schließlich haben wir jetzt Urlaub!
Angekommen in Fulkum, genießen wir die Nordseeluft, fahren ab und zu ein bisschen Rad und liegen im Garten, um uns Mövenbäuche von unten anzusehen, wenn das Wetter es zulässt.
Aber es gibt auch einen Grund für diese Email: Unsere letzte(n) Nachricht(en) müssen einen negativen Eindruck unserer Reise vermittelt haben. Das sollte auf keinen Fall so sein. Und das möchten wir gern klarstellen.
Es war vom ersten bis zum letzten Tag und vom ersten bis zum gut achtzehntausendsten Kilometer eine tolle Reise mit ganz fantastischen Erlebnissen. Dazu kommt, dass wir absolut keine Probleme hatten. Auch nicht, nachdem wir dann allein unterwegs waren. Etwas Sorge hatten wir natürlich. Zum Beispiel vor dem Moskauer Ring... Aber Ingo hat das ganz toll gemacht! (Ich frag mich, wo der das geübt hat?!) Oder vor der Grenzabfertigung. Auf dem Hinweg hat es immerhin acht Stun-

den gedauert – zurück genau 35 Minuten. Ich denke, Russen haben auch nicht immer Lust zum Arbeiten ;-)) Und das war unser Glück!
Klar haben wir uns Gedanken gemacht, ob wir den Weg allein finden – aber die Auswahl an Straßen außerhalb der großen Städte ist in Russland sehr begrenzt und damit auch die Möglichkeit, sich zu verfahren.
So viel dazu. Und dann muss ich sagen, dass es mit zunehmender Reisezeit schwieriger wurde, die Erlebnisse und Eindrücke schriftlich zu vermitteln. Wir haben inzwischen sogar festgestellt, dass es auch nicht einfach ist, das zu erzählen, was wir erlebt haben. Es gehört so vieles dazu, was man scheinbar nicht wiedergeben kann.
Nun, und dass wir gern wieder nach Hause wollten, war nicht negativ gemeint. Das lag daran, dass es eine sehr lange Zeit war, verbunden mit ständigem und heftig anstrengendem Fahren. Ich denke, das kann jeder von euch auch nachvollziehen. Selbst wenn man „nur" nach Spanien fährt, sagt man irgendwann: „Hoffentlich sind wir bald da – ich hab die Fahrerei satt." Und mehr war das bei uns auch nicht. Im Gegenteil: Wenn wir gerade nichts Besseres zu tun haben, schmieden wir Urlaubspläne. Und die Wunschziele liegen eindeutig östlich. Mehr wird noch nicht verraten!
Aber zuerst einmal macht unser Wohnmobil ausgiebig Wellnessurlaub, den hat es sich redlich verdient.
Wir freuen uns jetzt darauf, die Filme und Fotos zu sichten und daraus etwas zusammenzustellen, mit dem wir noch zusätzlich ein bisschen von dem vermitteln können, was wir erlebt haben!
Dies wird wohl die letzte Mail über diese Email-Adresse sein.
Ab kommende Woche sind wir dann wieder über die anderen, euch bekannten Adressen zu erreichen. Bestimmt klappt das dann auch noch besser, denn es scheint nicht alles angekommen zu sein, weder bei uns noch bei euch.

Bis bald – herzliche Grüße Ingo + Leonore

Weitere Zeit verbringen wir in Fulkum damit, unsere Kiefern zu setzen. Nachbar Rainer ist uns dabei behilflich.

Wir geben gute Ratschläge, die wir bei Irina in Rudiskes sammeln konnten. Dort konnten wir zugucken, wie die Platzeinfahrt rechts und links mit Tannen bepflanzt wurde. Wenn wir wiederkommen, ist es bestimmt schon eine richtige Allee.

In Fulkum an der Nordsee finden Ingos Lieblinge vom Baikal eine neue Heimat

Nachwort

Nun sind wir schon geraume Zeit wieder hier und denken wohl täglich an die Reise zurück, zumal 20 Stunden Video-Filme bearbeitet werden wollen, was gar nicht so einfach ist. Ich denke, Ingo macht das, wenn er einmal Rentner ist. (Für alle, die uns nicht so genau kennen: Ingo wird nie Rentner...)

Bis zu dieser Seite sind inzwischen 181 Blatt Papier aus dem Drucker gelaufen, deren Text wohl grob während der Reise verfasst wurde, aber x-mal danach noch gelesen, erweitert, korrigiert, neu gedruckt und mit Bildern versehen werden musste, bis es dann so war, dass es jeder lesen kann.

Das Wichtigste überhaupt ist aber, dass wir nun die beiden entscheidenden Fragen beantworten können.

1.) Ist es denn da nicht kalt?

Jeder, der den Text einigermaßen aufmerksam gelesen hat, weiß inzwischen, dass das Thermometer in Sibirien im Sommer die 40-Grad-Marke häufig überschreitet. Was für uns neu war, ist die Tatsache, dass die Natur die Hitze braucht, um alles, was der Ackerbau hergibt, in der kurzen Zeit von vier Monaten von der Saat bis zur Ernte reifen zu lassen. So gibt es auch keine „Velberter Regenzeiten", in denen es zwei Wochen am Stück kübelt. Dazu hat die Natur keine Zeit. Es gießt in Sibirien kurz und kräftig und nach ein paar Stunden „lacht" die Sonne wieder vom Himmel. So sehr, dass uns das Lachen dabei manchmal vergangen ist.

2.) Ist das denn nicht gefährlich?

Wir finden heute, dass Urlaub in Europa bestimmt gefährlicher ist, als in Russland beziehungsweise Sibirien. Die Menschen dort sind sofort auf uns zugekommen. Einige haben ihre Kinder erst einmal vorgeschickt, um zu gucken, was das für ein fahrendes Volk ist. War der Kontakt erst einmal hergestellt und hatten wir ein paar Geschenke übergeben,

bekamen wir eine Auswahl an Lebensmitteln, von allem, was gerade verfügbar war: Milch und selbst gemachte Milchprodukte, Kartoffeln, Salat, Gurken, Tomaten, Beeren und Pfifferlinge. Und natürlich hier und da auch einen Wodka. Doch was hat das mit der Sicherheit zu tun??? So viel, dass die Menschen sich bedankt haben, dass wir gerade ihr Dorf für die Übernachtung ausgesucht haben und dass man während der Nacht ein Auge auf uns wirft, falls es uns an etwas fehlt...
So viel zum Thema Sicherheit!

Doch immer noch ist es für uns unglaublich, dass tatsächlich alles vorüber ist. Immer noch gibt es ein- bis zweimal wöchentlich etwas aus der Konservendose oder etwas aus Tüten Angerührtes zu essen, da wir ca. Dreiviertel von alledem, was wir an Lebensmitteln mitgenommen haben auch wieder mit zurückgebracht haben. Wir versuchen dann beim Essen immer rauszufinden, ob es anders schmeckt, da es in Sibirien herumgefahren wurde.

Dann immer wieder die Frage: Wo ist die Zeit geblieben? Wir waren schließlich drei Monate unterwegs und haben hier den leider völlig verregneten Sommer restlos verpasst. Mit unserer Rückkehr kam das schöne Wetter...

Messen kann man die vergangene Zeit eigentlich nur daran, dass zum Beispiel der Reifenhändler fragte: „Wie, Sie schon wieder hier? Sie waren doch vor kurzem erst da. Sind die neuen Reifen etwa kaputt?"
„Nein. Wir haben lediglich in der Zwischenzeit

17.949 (in Worten: siebzehntausendneunhundert- neunundvierzig) Kilometer

auf hundsmiserablen Straßen zurückgelegt und da hätten wir gern ein paar Neue."

An dieser Stelle möchten wir auch unseren „Ärzte- und Apotheker-Freunden" danken für alle Tipps und guten Ratschläge und vor allem für die „reichhaltige Ausstattung", die sie uns für die Reise mitgegeben haben. Das fängt bei Verbandsmaterial in allen Größen und Formen an, geht weiter über Latex-Handschuhe und Skalpelle, über Medikamente von „A" wie Antibiotika bis „Z" wie Zugsalbe. Ob wir nun etwas für oder gegen Verstopfung gebraucht hätten – wir hatten es dabei. Auch eine „asiatische Grippe" wäre für uns kein Beinbruch gewesen, aber auch selbigen hätten wir reparieren können – wir hätten zumindest das notwendige Material dabei gehabt.

Auch das Dental-Labor „ARPEI" aus Wuppertal hat uns alles eingepackt, was nicht fest mit der Firma verschraubt ist: Werkzeuge aller Art, Kunststoffe und sonst was, das zum Reparieren von Prothesen erforderlich ist, bis hin zu einer UV-Lampe zum Härten – alles war an Bord. Das reinste Eldorado für Hobby-Bastler: was hätte man damit nicht alles anstellen können?!

Da wir jedoch keine Minute Langeweile hatten, sind wir auf keinerlei dumme Gedanken gekommen und haben auch keinen Unsinn damit gemacht. Schade eigentlich.

Zum Glück (oder leider???) haben wir von all den Salben, Pulvern, Tropfen und Tabletten nichts wirklich gebraucht (bis auf alle Sorten „Antihistamin" gegen Insektenstiche) und müssen nun zu unserem Schrecken feststellen, dass man Medikamente nicht mal bei „ebay" versetzen kann.

So hoffen wir nun, bis zum Erreichen des Verfallsdatums der Medikamente, dass wir trotz aller Impfungen irgendeine Krankheit bekommen, damit sich eine sinnvolle Verwendung für all das Zeug findet...

Bereits erschienen:
LESERBÜCHER

LESE®BUCH 1
Marianne Schmöller:
Jugendtraum Peloponnes
Mit dem Caravan durch Griechenland
108 Seiten, 33 Abb. sw,
ISBN 3-928803-22-0, 9,90 Euro,
Bestell-Nr.: LB 01

Marianne und Franz Schmöller, beide über 65 Jahre alt, haben ihre Jugendträume, die sie in und um Rosenheim hegten, bis ins Alter nicht vergessen. ihre Träume, die sie auf Reisen in die Ferne lockten, blieben lange unerfüllt.
Erst jetzt, nach langem Familien- und Arbeitsleben sowie Aufbau einer eigenen Firma im Rentenalter, haben die beiden ihre Träume zurückgeholt und versuchen nun, auf ihren Reisen die Welt ihrer Träume aus den jungen Jahren einzufangen. Das Nordkap war ihr erstes großes Ziel. Dann folgten ausgedehnte Reisen nach Griechenland und Spanien.
Mit dem Caravan sind sie unterwegs, weil sie damit unabhängig sind. Diese Freiheit hat natürlich auch bei Schmöllers ihre eigene Geschichte. Allzu oft mussten sie gebuchte Bungalows und Hotels wieder abbestellen, verloren dabei Geld und Freude am Reisen, nur weil in der Firma unaufschiebbare Probleme aufgetaucht waren. Die zielstrebigen Unternehmer gingen diesen unerfreulichen Tatbestand zielstrebig an, und fanden für sich und ihre Familie eine flexible Lösung: Reisen im Wohnwagen.
Mal stand der Caravan in den nahen Alpen, mal am See, aber nie zu weit von zu Hause weg. Schmöllers verbrachten ihren Jahresurlaub im Wohnwagen, und häufig eben mal ein verlängertes Wochenende. Auch Wintercamping war schon bald angesagt und gehörte zum festen Jahresreiseprogramm.

In Rente lautet nun die neue Devise: Fernreisen. Die wollten Marianne und Franz Schmöller nur mit einem ganz neuen Gespann wagen. Seit zwei Jahren hängt deshalb am Allrad-Nissan X-Trail ein Fendt platin. Die vielen Erlebnisse fesselten Marianne Schmöller so sehr, dass sie beschloss, das Erlebte niederzuschreiben. Franz Schmöller oblag die Dokumentation mit der digitalen Kamera. Was zunächst nur fürs heimische Familienalbum gedacht war, wuchs sich zur handfesten Reisebeschreibung aus. Von Freunden und Verwandten ermutigt, wagte Marianne Schmöller schließlich eine Anfrage nach einem kleinen Büchlein beim DoldeMedien Verlag. Dort fiel die Idee „Leser schreiben für Leser" auf fruchtbaren Boden – und das LESE®BUCH wurde geboren.

LESE®BUCH 2
Hans-Georg Sauer: **Der vierte Versuch**
Mit dem Wohnmobil zum Nordkap
72 Seiten, 22 Abb. sw + Karte,
ISBN 3-928803-23-9, 7,90 Euro,
Bestell-Nr.: LB 02

Hans-Georg Sauer ist Reisemobilist mit Leib und Seele. Das Reisemobil ist für den 51jährigen Hobby und Tür zu seinem ganz persönlichen Stückchen Freiheit: "Reisen, wohin ich will. Essen, wenn ich hungrig, schlafen, wenn ich müde bin. Und ich kann mich nicht verfahren, sondern allenfalls ein anderes schönes Ziel finden."
Diese Gelassenheit tritt in der vorliegenden Reiseerzählung in ein witziges Spannungsfeld mit der ungeduldigen Vorfreude während der Reisevorbereitung. Hans-Georg Sauer gehört nicht zu den "Meilenfressern". Selbst in den wenigen Urlaubstagen, die ihm für seine Reisen bleiben, ist er immer offen, Neues zu entdecken, Unbekanntes zu ergründen, sich treiben zu lassen.
So gelingt ihm denn auch erst im vierten Anlauf, sich den Traum zu erfüllen, den so viele mit ihm teilen: Einmal die Mitternachtssonne am Nordkap erleben. Nicht technische Defekte werfen ihn aus der Bahn. Die Aussicht auf Spannenderes und die Einsicht, nichts erzwingen zu müssen, bringen Mal für Mal den Knick in die Route.
Natürlich erzählt Hans-Georg Sauer für sein Leben gern. Im Kreis seiner Familie, Freunde und Kollegen machen seine Reiseberichte viele Male die Runde. Aus diesem Kreis kommt schließlich auch der Anstoß, seine Erlebnisse zu Papier zu bringen. In seinem Erstlingswerk gelingt ihm das spannend und unterhaltend.

Bereits erschienen:
PRAXISBÜCHER

PRAXISBUCH Nr. 1
Konstantin Abert:
Russland per Reisemobil
Basiswissen für Selbstfahrer
140 Seiten, 53 Abb. sw,
ISBN 3-928803-26-3,
11,90 Euro, Best.-Nr.: PB 01

„Was, du willst mit deinem Wohnmobil nach Russland? Bist du lebensmüde geworden? Betrunkene an jeder Ecke, überall kleine Tschernobyls und jetzt noch die Tschetschenen. Die Mafia wird dich ausrauben und dein Camper ist auf Nimmerwiedersehen weg." Das ist vielleicht eine extreme Reaktionen, wenn Sie Ihren Freunden und Bekannten erzählen, Sie wollen mit Ihrem Camper auf eigene Faust nach Russland fahren. Die meisten werden aber zumindest ausdrücklich warnen und wieder zu Frankreich oder Norwegen raten. Natürlich sind diese beiden und andere europäische Länder absolut reizvolle Ziele. Aber im Gegensatz zu vielen Pauschalreisetouristen zeichnen sich Reisemobilisten eben durch etwas ganz Besonderes aus: sie sind Individualisten, voller Neugierde und Unternehmungslust. Sie sind bereit, hinter dem Steuer die Welt auf eigene Faust zu erkunden. Sie wollen Land und Leute kennen lernen, wie nicht neue Gebiete bereisen und so ihren Horizont erweitern. Und damit sind sie alle kleine oder größere Abenteurer, manchmal gar Pioniere.
Russland ist dafür genau das Richtige. Es ist ein wunderschönes und geheimnisvolles Land. Es ist unvorstellbar groß, erstreckt sich vom alten Königsberg an der Ostsee über zwei Kontinente und elf Zeitzonen bis hin zum Stillen Ozean. Es hat unzählige Meeresküsten, Seen, Berge, Wälder, Ebenen, wunderschöne moderne und historische

Städte, verschlafene romantische Dörfer und äußerst gastfreundliche Menschen. Es hält durch die Umbrüche in der jüngsten Geschichte viele Abenteuer parat. Vor allem ist es sehr viel sicherer als sein Ruf vermuten lässt. Kurzum: Russland ist ein Eldorado für den weltoffenen Individualreisenden.

PRAXISBUCH 2
Konstantin Abert:
Mobile Begegnungen in Russland
Mit dem Reisemobil durchs größte Land der Welt
200 Seiten, 50 Abb. sw,
ISBN 3-928803-27-1,
14,90 Euro, Best.-Nr.: PB 02

Ausdrücklich warnten uns finnische Freunde vor der Reise mit dem Wohnmobil durch die Sowjetunion: „Hier in Helsinki seid ihr sicher. Aber da drüben in Sowjetrussland ist schon wieder eine finnische Familie samt Wohnwagengespann verschollen." In unserer fünfköpfigen Reisecrew wurde danach heiß diskutiert, ob wir es denn wirklich wagen sollten, ohne Russischkenntnisse durch dieses Land zu fahren. Mit drei zu zwei ging die Entscheidung äußerst knapp für „Sowjetrussland" aus, so wie viele Finnen ihren östlichen Nachbarn leicht abwertend nannten. Wir riskierten es also und hatten 1990 so unser erstes russisches Abenteuer. Und was für eins. Wir mussten sogar die Sekretärin des Ministers für auswärtige Angelegenheiten in Batumi kidnappen, um ausreisen zu dürfen. Aber davon erzähle ich lieber etwas später.
1990 war eine politisch sehr bewegte Zeit. Die Mauer der DDR war vor einigen Monaten gefallen, die Gorbimanie in Deutschland ausgebrochen und der Irak hatte gerade Kuwait annektiert. Die Sowjetunion begann zu zerfallen, Russland war aber noch eine der 15 Sozialistischen Sowjetrepubliken. In diese bewegte Zeit fiel unsere erste Russlandreise hinein. Es war zumindest für mich der Anfang einer Leidenschaft, die eben nicht nur Leid schaffte, sondern auch viel Freude bereitete.
Seit dieser ersten Reise sind 14 Jahre ins Land gestrichen. 14 Jahre, in denen viel geschehen ist. Ich habe mich aus dem Verbund meines Elternhauses mindestens genauso friedlich und überraschend gelöst, wie Russland aus der Sowjetunion. Blicke ich zurück auf diese 14 Jahre, schlagen über dreißig Reisen nach Russland, meist mit einem selbst ausgebauten Wohnmobil, zu Buche. Die Leidenschaft hat also angehalten und bestimmt heute sowohl mein berufliches als auch privates Leben. Meine Frau Anja habe ich auf der dritten

Reise kennen gelernt, obwohl ich mir bis dahin so sicher war, niemals zu heiraten. Um sie zu beeindrucken, erlernte ich die russische Sprache innerhalb eines halben Jahres. Selten ist mir zuvor und danach so schnell so viel gelungen. Aber der Grad der Motivation war einfach nicht zu überbieten.
Beruflich bin ich als Russland-Forscher an der Universität Mainz und freier Journalist tätig geworden. Heute bewege ich mich wie ein Einheimischer in Russland und werde meist nur aufgrund des Reisefahrzeuges oder der Fotoausrüstung als Ausländer erkannt. Ja, im Laufe der Jahre sind wir beide gereift, mein Russland und ich. Beide haben ihre wildesten Zeiten (hoffentlich) hinter sich. Sind wir also in die Jahre gekommen? Das hätte zumindest für Sie als potenzieller Russlandreisender mehr beruhigende Komponenten als für mich. In Russland geht es nicht mehr so rund, zur Zeit jedenfalls nicht. Alle die, die sich bisher nicht getraut haben, in das Land der Zwiebeltürme zu reisen, sollten das jetzt endlich tun.
Was mich ungemein geprägt und reifen hat lassen, waren die vielen Reisen, die mich schon vor der ersten Begegnung mit dem ehemaligen Zarenreich mehrmals im Jahr ins Ausland führten. Von Los Angeles bis Jordanien, von Norwegen bis Ägypten – ich fand alles hoch spannend und hatte in relativ kurzer Zeit über 50 Länder bereist. Fast immer habe ich die für mich bis heute attraktivste Reiseart gewählt. Mit dem Wohnmobil war alles bisher so individuell, so intensiv. Trotzdem kehrte ich auch von monatelangen Touren nie ausgebrannt zurück, weil ich ein Stück Heimat auf Rädern immer bei mir hatte...

Bereits erschienen:
RETROBÜCHER

RETROBUCH Nr. 1
Fritz B. Busch: **Kleine Wohnwagenfibel**
Reprint der Originalausgabe von 1961
144 Seiten, 88 Abb. sw,
ISBN 3-928803-25-5,
11,90 Euro, Best.-Nr.: Retro 01

RETROBUCH Nr. 2
Heinrich Hauser:
Fahrten und Abenteuer mit dem Wohnwagen
Reprint der Originalausgabe von 1935,
228 Seiten, 60 Abb. sw,
ISBN 3-928803-29-8,
16,90 Euro, Best.-Nr.: Retro 02

RETROBUCH Nr. 3
Hans Berger:
Jachten der Landstraße
Reprint der Originalausgabe von 1938,
152 Seiten, viele Abb. sw,
ISBN 3-928803-30-1,
11,90 Euro, Best.-Nr.: Retro 03

Fritz B. Busch ist schon zu Lebzeiten Legende. Der Grandseigneur unter den Motorjournalisten verzaubert seit fast 50 Jahren die Leser großer Zeitschriften mit seinem unverwechselbaren Stil. Dieses Buch schrieb er im Jahr 1961 für Einsteiger ins Hobby Caravaning. Jetzt ist die "Kleine Wohnwagenfibel" wieder da – mit den historischen Anzeigen und mit verschmitztem Humor. Genießen Sie einen Blick zurück in die Zeiten, als Familienautos wie der DKW nur 350 Kilogramm leichte Wohnwagen ziehen durften. Und als der große Schreibersmann die Freiheit im Caravan brillant und stets mit fröhlicher Ironie schilderte – schon damals also mit dem Busch-Touch, der heute ein Markenzeichen ist.

Es waren die ersten Pioniere des Campings in Deutschland: die Faltbootfahrer, die in der Nähe der Flüsse Zelte aufschlugen; und es waren die ersten Wohnwagenfahrer, die Neuland betraten und sich eigene Fahrzeuge bauten. Zu diesen reiselustigen Menschen zählte auch Heinrich Hauser, der als einer der Ersten Deutschland in einem Wohnwagen bereiste und dieses in einem faszinierenden Buch beschreibt.

Beim Lesen werden erfahrene Camper und Wohnmobilfahrer erkennen: „Vieles hat sich nicht geändert!". Wäre es nicht schade und ein wesentlicher kultureller Verlust, wenn die Urlaubs- und Feriengewohnheiten des letzten Jahrhunderts verloren gehen würden? – Damals, in diesen bewegten Zeiten, vor und nach einem barbarischen Krieg.

Immer mehr Menschen begannen sich mit einem Zelt oder Wohnwagen auf zwei oder vier Rädern auf die Reise zu begeben, um fremde Länder und Menschen kennen zu lernen. Es waren freundliche, aufgeschlossen Menschen mit einer besonderen Einstellung zum unkomplizierten Reisen, welche die neue Freiheit der damaligen Campingtechnik nutzten.

Mit diesem Nachdruck von Hans Bergers „Jachten der Landstraße" liegt der erste gedruckte Wohnwagenkatalog in deutscher Sprache nach vielen Jahrzehnten wieder vor. Hans Berger, einer der großen Pioniere im Freizeitbereich, legte hiermit 1938 ein geradezu epochales Werk vor: Er stellte nicht nur seine Versuche vor, einen Reisewohnwagen zu konstruieren, sondern zeigte auch die gesamte Angebotspalette des In- und Auslandes in Wort und Bild. Mit unvergleichlicher Sammellust und Liebe zum Detail hat er sich bemüht, die Konstruktionen von Heinrich Hauser bis hin zu den gewaltigen, nur von sehr zugkräftigen Fahrzeugen überhaupt bewegbaren amerikanischen Modellen vorzustellen. Er selbst war ein begeisterter Camper, hatte auf seinem Firmengelände in Karlsfeld-Rothschwaige bei München als einer der Ersten Übernachtungsmöglichkeiten für Wohnwagenfreunde geschaffen und selber zahlreiche Reisen mit seiner Familie unternommen, die in seinen Verkaufs-prospekten, Katalogen und auch in diesem Buch Eingang fanden.

Erfahrene Camper und Wohnmobilfahrer werden viel Bekanntes an technischen und konstruktiven Details erkennen, manches belächeln, doch stets wird es eine Freude sein, zurückzublicken auf diese Anfangszeiten und zu erkennen, dass sich manche Probleme heute wie

Bereits erschienen:
KINDERBÜCHER

damals stellten, dass manche Wünsche heute wie damals dieselben blieben.

Hans Berger legte mit diesem Buch das erste Wohnwagenfachbuch vor und schuf eine Fundgrube für alle, die sich mit dem aufkommenden Gedanken des Wohnwagenreisens beschäftigten. Er wollte nicht nur eine Dokumentation dessen leisten, was auf diesem Gebiet bislang ersonnen, erbaut und an Erfahrungen vorhanden war, sondern wollte den Interessierten auch Anleitung bei der Frage bieten, was für eine Art Wagen ihren Bedürfnissen und Zwecken am ehesten entspräche.

Jede Menge
Retro-Sammlermodelle
finden Sie im Online-Shop unter
www.campers-collection.de

KINDERBUCH 1
Fritz B. Busch: **Unser Sturmvogel hat Räder**
Der wiederentdeckte Roman
132 Seiten, 15 Abb. sw,
ISBN 3-928803-24-7,
2. Auflage, 9,90 Euro, Bestell-Nr.: SV 01

Fritz B. Busch ist schon zu Lebzeiten Legende. Der Grandseigneur unter den Motorjournalisten verzaubert seit fast 50 Jahren die Leser großer Zeitschriften mit seinem unverwechselbaren Stil. Dieses Buch schrieb er vor gut 40 Jahren als Lesebuch für kleine und große Camper. Jetzt ist es wieder da – brillant formuliert, mit verschmitztem Humor und so frisch wie damals. Eben Fritz B. Busch.

BESTELLSCHEIN

Einfach ausfüllen und einsenden an DoldeMedien Verlag GmbH, Postwiesenstr. 5A, 70327 Stuttgart oder per **Fax an: 0711 / 134 66-38**

Bitte senden Sie mir schnellstmöglich:

Expl.	Best.-Nr.	Kurzbezeichnung	Einzelpreis
		+ Versandkostenpauschale **Inland** 3,- € (Inland: bei Bestellwert über 20,- € versandkostenfrei)	
		+ Versandkostenpauschale **Ausland** Europäische Staaten 5,- € alle nichteuropäischen Staaten 8,- €	
		gesamt	

Die Bezahlung erfolgt

☐ **per beigefügtem Verrechnungsscheck** ☐ **durch Bankabbuchung**

Bankleitzahl (vom Scheck abschreiben)

Konto-Nr.

Geldinstitut

☐ **per Kreditkarte**
☐ American Express ☐ Visa Card ☐ Diners Club ☐ Mastercard

Kreditkarten-Nummer   Gültig bis

Rückgaberecht: Sie können die Bestellung ohne Angabe von Gründen innerhalb von zwei Wochen durch Rücksendung der Ware widerrufen. Die Frist beginnt frühestens mit Erhalt der Ware und dieser Information. Zur Wahrung der Frist genügt die rechtzeitige Absendung der Ware. Die Rücksendung muss originalverpackt und bei einem Rechnungsbetrag bis EUR 40,00 ausreichend frankiert sein, wenn die gelieferte Ware der bestellten entspricht. Andernfalls ist die Rücksendung für Sie kostenfrei. Die Rücksendung geht bitte an die Bestell-Adresse.

Absender

Name, Vorname

Straße

PLZ, Ort

Telefon

E-Mail

Datum, Unterschrift

www.ingramcontent.com/pod-product-compliance
Lightning Source LLC
Chambersburg PA
CBHW030140170426
43199CB00008B/143